Pflege und Gesundheitsausbildung neu gedacht

Community Outreach und Agenda Setting als innovative Ansätze für die strategische und politische Positionierung von Gesundheitseinrichtungen

Bildung mit Profil und Mehrwert #3

Über den Autor

Ulrich Wirth verantwortet seit über zwei Jahrzehnten das betriebliche Bildungs-

management in privatwirtschaftlichen und universitären Einrichtungen der Gesundheitswirtschaft.

Er leitet das Bildungszentrum des Universitätsklinikums des Saarlandes in Homburg, wo er mit rund 120 Kolleginnen und Kollegen Aus-, Fort- und Weiterbildungsprogramme zur beruflichen Bildung, zu Personal- und zur Organisationsentwicklung entwickelt und umsetzt.

Dieses Engagement wird 2022 mit dem Bildungspreis der Saarländischen Wirtschaft für die Schulsozialberatung und 2024 mit dem ersten Platz des bundesweiten SCHULEWIRTSCHAFT-Preises in der Kategorie *Kooperation Schule – Unternehmen* für das Community Outreach-Projekt *UKS-Mini Nurse AcadeME* ausgezeichnet.

Mit seiner Expertise als Organisations- und Geschäftsmodellentwickler, Change Manager, Business Facilitator, Transformationsmentor und Bildungsmanagement-Experte mit Schwerpunkt Finanzmanagement unterstützt er Organisationen dabei, sich zu dynamischen, innovativen und kreativen Orten der Arbeitswelt von morgen zu entwickeln.

Als Autor, Speaker und Trainer durchleuchtet er Themen rund um Bildungsmanagement und Bildungscontrolling, Leadership und New Work im Gesundheitswesen.

Ulrich Wirth arbeitet im Saarland und lebt in der malerischen Südwestpfalz.

Ulrich Wirth

Pflege und Gesundheitsausbildung neu gedacht

Community Outreach und Agenda Setting als innovative Ansätze für die strategische und politische Positionierung von Gesundheitseinrichtungen

Bildung mit Profil und Mehrwert #3

Bibliografische Information der Deutschen Nationalbibliothek:

Die Deutsche Nationalbibliothek verzeichnet diese Publikation in der Deutschen Nationalbibliografie; detaillierte bibliografische Daten sind im Internet über dnb.dnb.de abrufbar.

Titelbild: „Interwoven Spaces: Community in Motion", Yves-Rolf Budala (2024)

Verlag: BoD · Books on Demand GmbH, In de Tarpen 42, 22848 Norderstedt

Druck: Libri Plureos GmbH, Friedensallee 273, 22763 Hamburg

ISBN: 978-3-7693-0847-1

In dankbarer und liebevoller Erinnerung an meine
Mutter Annie Wirth, deren Bildungsweg von den
Zeitläuften beendet wurde, noch
bevor er angefangen hatte.

** 24. Februar 1930, † 12. März 2024*

„It's not the destination that matters.
It's the change of scene.“

Brian Eno, Pionier, „non-musician“, Innovator (1948)*

Inhaltsverzeichnis

Vorwort 15

1   Einleitung 23

2   Was ist Community Outreach? 31
2.1   Definition und Konzepte 31
2.2   Abgrenzung (I): *Third Mission* im Vergleich zu .... Community Outreach 33
2.3   Abgrenzung (II): Weitere verwandte Begriffe 35
2.4   Die Bedeutung von Outreach 39
2.5   Erfolgsbeispiele für Community Outreach 40
2.6   Denkanstoß: Was fehlt? 44
2.7   Schritt-für-Schritt-Leitfaden zur Umsetzung von .... Outreach-Initiativen 45
2.8   Häufige Hindernisse im Community Outreach und .... deren gezielte Überwindung 50
2.9   Schlussfolgerung: Community Outreach als .... strategischer Hebel für die Gesundheitsbildung 52

3   Agenda Setting in der Gesundheitsbildung 55
3.1   Theorie des Agenda Settings 57
3.2   Abgrenzung (I): Agenda Setting vs. Lobbying 58
3.3   Abgrenzung (II): Weitere verwandte Konzepte 60
3.4   Relevanz für Gesundheitsfachschulen 66

3.5   Welche Themen können gesetzt werden? 67

3.6   Vom Ort geprägt: Lokale Anliegen als Baustein ....
        der Gesundheitsausbildung 71

3.7   Erfolgsbeispiele für Agenda Setting *in Aktion* 76

3.8   Denkanstoß: Was fehlt? 77

3.9   Praxistipp: So wird Agenda Setting erfolgreich 80

3.10   Schlussfolgerung: Agenda Setting als Katalysator ....
        für nachhaltige Gesundheitsbildung.......................84

4   *Gemeinsam wirken:* Die strategische Verbindung....................
        von Community Outreach und Agenda Setting......................87

4.1   Kräfte bündeln für Veränderung: Die Synergie von ....
        Outreach und Agenda Setting........................88

4.2   Langfristige Effekte entfalten........................89

4.3   Erfolgsbeispiel für Synergie........................90

4.4   Denkanstoß: Was fehlt?........................92

4.5   Methoden und Strategien der Integration: Schritt...............
        für Schritt zum Erfolg 95

4.6   Von der Theorie zur Praxis: *The Bigger Picture*...............102

4.7   Schlussfolgerung: Die Gesundheitsfachschule als ....
        Agora für sozialen Wandel........................103

5   Best Practices – Erfolgreiche Outreach-Projekte.................105

5.1   Analyse erfolgreicher Praxisbeispiele: Die Essenz ....
        des Erfolgs........................105

5.2   Schlüsselkomponenten des Erfolgs 106

5.3   Praktische Einblicke in eigene erfolgreiche Outreach-
        Projekte 108

5.3.1   Physiotherapie-Barcamp 108

5.3.2   Schulsozialberatungsgipfel 109

5.3.3   UKS-Mini Nurse AcadeME 111

5.4   Barcamps als Plattformen für Community Outreach
        und Agenda Setting 112

5.4.1   Community Outreach durch Barcamps 112

5.4.2   Agenda Setting durch Barcamps 113

5.4.3   Die Rolle von Barcamps für eine nachhaltige
        Community Outreach- und Agenda Setting-Strategie 114

5.5   Empathie und Ethik im Community Outreach:
        Menschliche Werte als strategische Ressource 115

5.6   Zen und die Kunst der Outreach-Pflege: Achtsamkeit,
        Meditation und tiefe innere Ruhe für Ihre Projekte 117

6   Agenda Setting *in Aktion* – Den öffentlichen Diskurs
        prägen 121

6.1   Praxis und Voraussetzungen: Was es für effektives
        Agenda Setting braucht 121

6.2   Strategien zur Beeinflussung der öffentlichen
        Meinung 124

6.3   Zukünftige Trends im Community Outreach und
        Agenda Setting... 124

6.3.1   ... für Schulen für Anästhesietechnische und
        Operationstechnische Assistenten (ATA und OTA) 125

6.3.2   ... für Diätassistenz-Schulen 125

6.3.3   … für Schulen für Ergotherapie 127

6.3.4   … für verantwortliche Praxiseinrichtungen der ....
Hebammen-Studiengänge 127

6.3.5   … für Logopädie-Schulen...128

6.3.6   … für Schulen für Medizinische Technologen ....
für Funktionsdiagnostik (MTF)...........................129

6.3.7   … für Schulen für Medizinische Technologen ....
für Laboratoriumsanalytik (MTL) 130

6.3.8   … für Schulen für Medizinischen Technologen....................
für Radiologie (MTR) 130

6.3.9   … für Schulen für Orthoptik 132

6.3.10   … für Pflegeschulen..132

6.3.11   … für Schulen für Pharmazeutisch-technische ....
Assistenten (PTA) 134

6.3.12   … für Physiotherapie-Schulen 135

6.3.13   … für Medizinphysiker...137

6.3.14   … für Musiktherapeuten 138

6.3.15   … für Obduktionsassistenz.....................................139

6.3.16   … zur Unterstützung der Patienten- und
Angehörigenedukation 140

6.3.17   … zur Förderung der Praxisanleitung und.....................
klinischen Ausbildung von Auszubildenden.................141

6.3.18   … zur Förderung von Fortbildung und ....
beruflicher Weiterentwicklung 143

6.4   Medienarbeit: Der direkte Draht zur Öffentlichkeit........144

6.5   Netzwerkbildung: Beziehungen als Multiplikatoren nutzen 149

6.6   Storytelling oder die Kunst, Themen lebendig zu machen 151

6.7   Erfolg in Bildern: Visuelles Design für Outreach-Projekte 154

6.8   Das Unerwartete einplanen: Agilität als Erfolgsfaktor im Outreach 156

6.9   Schlussfolgerung: Gesundheitsfachschulen als Treiber gesellschaftlicher Transformation 157

7   Überwindung von Hürden – Ein strategischer Leitfaden 159

7.1   Die Umsetzung von Community Outreach und Agenda Setting in der Praxis 159

7.2   Spezifische Hürden im Kontext von Community Outreach und Agenda Setting 161

7.3   Allgemeine Hürden im Projektmanagement und Change Management 168

7.4   Strategische Hürdenbewältigung im Kontext von Community Outreach und Agenda Setting 174

7.5   Die Geschäftsführung als Schlüsselfaktor für die Projektumsetzung 180

7.6   Fazit: Strategien für eine transformative Umsetzung 182

8   Übertragbarkeit von Community Outreach und Agenda Setting auf andere Branchen 185

8.1   Universelle Prinzipien von Community Outreach 185

8.2   Agenda Setting als Instrument für Veränderung und Einfluss 188

8.3   Erfolgsfaktoren für die Übertragung auf andere Branchen: Ein praxisnaher Leitfaden 193

8.4   Fazit: Ein Blick über den Tellerrand 194

9   Community Outreach und Agenda Setting als gesellschaftliche Verantwortung 197

9.1   Community Outreach und Agenda Setting: Brücken bauen und Themen setzen 197

9.2   Bildung und Empowerment durch gezieltes Agenda Setting 198

9.3   Gesellschaftliche Werte und ethische Verpflichtung in Outreach und Agenda Setting 199

9.4   Nachhaltige Wirkung und gesellschaftliche Transformation durch Outreach und Agenda Setting 200

9.5   Das *vorletzte* Wort: Outreach und Agenda Setting als unverzichtbare Berufung 201

10   Schlusswort: Die Zukunft gestalten – Gesundheitsbildung als Motor gesellschaftlicher Transformation 203

Literaturverzeichnis 207

Vorwort

Die Sicherung von Fachkräften in Gesundheits- und Pflegeberufen ist eine der zentralen Herausforderungen unserer Zeit. Die Ergebnisse des „Krankenhaus Barometer 2023" zeigen eine alarmierende Entwicklung: Etwa die Hälfte der Kliniken verzeichnet seit Einführung der generalistischen Pflegeausbildung 2020 sinkende Bewerberzahlen, insbesondere im Bereich der pädiatrischen Versorgung.[1] Für die kommenden Jahre zeichnen die Prognosen ein noch düsteres Bild. Die Herausforderungen, vor denen die Pflegebranche steht, sind enorm. Der Bedarf an gut ausgebildeten Fachkräften übersteigt deutlich die verfügbaren Kapazitäten, wodurch eine Lücke klafft, die schwer zu schließen ist.

Für viele andere Gesundheitsfachberufe sieht es nicht besser aus. Auf den Mangel an Physiotherapeuten[2] z. B. weist die Agentur für Arbeit hin: Engpassindikatoren aus der Statistik des Jahres 2023 für das Anforderungsniveau „Spezialisten" zeigen, dass Berufe in der Physiotherapie mit einer Gesamtbewertung von 2,7 von 3 an der Spitze im Bereich der Mangelberufe liegen. Die durchschnittliche Vakanzzeit zur Neubesetzung einer Stelle lag bei 166 Tagen.[3]

---

[1] Vgl. hierzu Deutsches Krankenhausinstitut e. V. (Hrsg.): Krankenhaus Barometer 2023. Düsseldorf 2023, S. 63. Online im WWW: https://www.dki.de/fileadmin/user_upload/DKI_Krankenhaus_Barometer_2 023_final.pdf [Datum aller Zugriffe auf die im Folgenden erwähnten Internetquellen: 2024-11-09].

[2] Bei der Verwendung maskuliner Termini ist die feminine Variante impliziert. Die genutzten Begriffe sind Funktionsbegriffe und werden nicht geschlechtsspezifisch differenziert.

[3] Online im WWW: https://statistik.arbeitsagentur.de/DE/Navigation/ Statistiken/Interaktive-Statistiken/Fachkraeftebedarf/Engpassanalyse-Nav.html?Thema%3Dsuche%26DR_Region%3Dd%26DR_Anf%3D3%26DR_Be rufe%3D8171%26mapHadSelection%3Dfalse.

Die aktuellen Erkenntnisse zeigen deutlich, dass eine bloße Teilnahme an traditionellen Akquiseformaten wie Ausbildungsmessen kaum noch ausreicht, um die dringend benötigten Nachwuchskräfte zu gewinnen – insbesondere dann, wenn die Motivation eines ausstellenden Bildungsträgers primär darin liegt, Präsenz zu zeigen, um nicht hinter den Mitbewerbern zurückzubleiben: Man ist da, weil die anderen auch da sind. Und um zu zeigen, dass man die bessere Show abliefert.

Vielmehr erfordert die Situation heute einen ganzheitlichen Ansatz, der klassische Maßnahmen mit strategischen Elementen wie *Community Outreach* und *Agenda Setting* verknüpft. Diese innovativen Methoden eröffnen die Möglichkeit, nicht nur gezielt auf potenzielle Auszubildende zuzugehen, sondern auch die öffentliche Wahrnehmung und Wertschätzung für die Gesundheitsfachberufe nachhaltig zu fördern.

Community Outreach ist dabei mehr als bloße Präsenz auf Messen oder Berufsinformationstagen in allgemeinbildenden Schulen. Es umfasst vielfältige Formate, die darauf abzielen, junge Menschen frühzeitig für Gesundheitsfachberufe zu begeistern, etwa durch Summer Schools, Hackathons, Praxis- und Infotage oder hochspezialisierte Medutainmentangebote wie die *UKS-Mini Nurse AcadeME*[4] oder die *Entdeckertouren Pflege*, die die Arbeitskammer des Saarlandes z. B. in Kooperation mit Kliniken und Einrichtungen der stationären Langzeitversorgung veranstaltet.[5]

---

[4]   Online im WWW: https://www.schulewirtschaft.de/preis/preistraeger-2024/schulzentrum-des-universitaetsklinikums-des-saarlandes-robert-bosch-schule/ und https://www.ardmediathek.de/video/wir-im-saarland-saar-nur/unsere-schule-macht-was-die-mini-nurse-ag/sr/Y3JpZDovL3NyLW9ubGluZS5kZS9XSU1TxzEzNTExOC9zZWN0aW9uLzQ.

[5]   Online im WWW: https://www.uks.eu/karriere/ausbildung-am-uks/uks-akademie/akademie-aktuell/ausbildung-news-detail/pflegeberufe-zum-anfassen-auftakt-der-entdeckertouren-pflege-am-uks.

Es sind gerade solche Aktivitäten, die wertvolle Kommunikationsanlässe schaffen, die über mediale Kanäle weitergetragen werden und nicht nur das Image der Gesundheits- und Pflegeberufe positiv prägen, sondern über Workshops die *Gesundheitskompetenzen* der jeweiligen Adressaten erhöhen.[6]

Es stimmt schon, dass dieses Engagement aufwendig ist. Der Aufwand nur für Akquiseveranstaltungen (ohne Bewerberauswahlverfahren und ohne internationale Rekrutierung) und Community Outreach betrug in meiner Einrichtung in 2023 insgesamt 1906 h, was der Arbeitsleistung von 1,24 Vollzeitäquivalenten entspricht. Dieser Aufwand wurde vollständig (!) vom Bestandspersonal gestemmt, und ob er im Sinne des Krankenhausfinanzierungsgesetzes refinanziert ist, darüber ließe sich trefflich streiten.[7]

Gleichzeitig bietet *Agenda Setting* die Möglichkeit, das Thema Fachkräftesicherung langfristig und strategisch zu positionieren. Durch gezielte Zusammenarbeit mit Bildungsinstitutionen, Verbänden und Medien wird das Thema in den öffentlichen Diskurs eingebracht und erhält die Aufmerksamkeit, die es verdient. Dies ist entscheidend, um die strukturellen Rahmenbedingungen zu beeinflussen und die Attraktivität der Gesundheitsberufe nachhaltig zu steigern.

---

[6]   Vgl. dazu Thomas Abel und Kathrin Sommerhalder: Gesundheitskompetenz/ Health Literacy. Das Konzept und seine Operationalisierung. In: Bundesgesundheitsblatt. Berlin und Heidelberg 2015. Online im WWW: https://boris.unibe.ch/70543/1/Abel/Bundesgesundheitsbl/2015.pdf.

[7]   § 17a (2) des Gesetzes zur wirtschaftlichen Sicherung der Krankenhäuser und zur Regelung der Krankenhauspflegesätze (Krankenhausfinanzierungsgesetz – KHG) spricht von der Sicherstellung der „sachgerechte[n] Finanzierung", doch Aufwendungen für Marketing, Community Outreach usw. gehören regelmäßig zu den Positionen, die bei den Budgetverhandlungen zur Disposition stehen. Online im WWW: https://www.gesetze-im-internet.de/khg/__17a.html.

Dieses Buch zeigt Ihnen, wie Sie die Konzepte von Community Outreach und Agenda Setting gewinnbringend in der Praxis umsetzen können, um die Fachkräftesicherung im Gesundheitswesen nachhaltig zu stärken. Sie erhalten Einblicke in erfolgreiche Strategien und Formate, die bewährte Wege ebenso wie völlig neue Ansätze vorstellen – ergänzt um konkrete Herausforderungen und, wie ich finde, wertvolle *Lernprozesse*, die den Weg dahin begleiten.

Es soll Ihnen als Leitfaden dienen, mit dem Sie innovative Lösungen für die Fachkräftegewinnung und -bindung finden und proaktiv gestalten können. Ob als Entscheidungsträger, Bildungsexperte oder Führungskraft im Gesundheitswesen:

> *Lassen Sie sich inspirieren, gemeinsam*
> *zukunftsweisende Ansätze zu entwickeln und die*
> *Fachkräfte von morgen aktiv für den*
> *Gesundheitssektor zu gewinnen und zu binden.*

A propos Inspiration: Keines meiner Bücher wäre vollständig ohne eine Danksagung. *Inspiration und Vision* sind oft stille Begleiter, und die *Task Force* – eine Gruppe von Kolleginnen und Kollegen, mit denen wir im Schulzentrum nicht nur Ideen teilen, sondern Community Outreach und Agenda Setting in die Tat umsetzen – ist eine unverzichtbare Quelle davon. Ihr Engagement und ihre Überzeugung haben dieses Buch inspiriert und gegenseitig beflügeln wir uns in unseren Anstrengungen, die Aus-, Fort- und Weiterbildung der Gesundheitsfachberufe zukunftsweisend und nachhaltig zu gestalten – allen Widrigkeiten zum Trotz.

Unsere gemeinsame Arbeit rund um die *UKS-Mini Nurse AcadeME* hat uns vor zwei Tagen den ersten Platz des bundesdeutschen SCHULEWIRTSCHAFT-Preises in der Kategorie *Kooperation Schule – Unternehmen* eingebracht. Das ist großartig, doch eigentlich nur ein wunderschönes und wertschätzendes Nebenprodukt, denn es geht uns um mehr als nur Ergebnisse:

Die DNA dieser Task Force – unsere DNA – ist tief verwurzelt in geteilten Überzeugungen und in einer gelebten Verbundenheit zu unserer Organisation.

In unserem *Innovation Hub*, Raum 0.15 in Gebäude 54, unserer *Bullshit free zone*, wie es auf einem der *Konfrontationsposter*[8] zu lesen steht, die wir an der Wand plakatiert haben, kommen wir oft mit einer vagen Idee und zwei Kannen Kaffee hinein, um nach 90 Minuten gut gelaunt mit einem prallen Sack umsetzbarer Konzepte herauszugehen. Hier, in diesen Brainstorming-Runden, entstehen die Ideen, die wir zum Leben erwecken und die uns in unserer Mission vereinen.

Und so möchte ich Euch sehr herzlich danken, liebe Kolleginnen und Kollegen. Ihr bleibt hier ungenannt, aber unser gemeinsamer Einsatz, unsere Diskussionen und Eure unvoreingenommene Begeisterung sind so etwas wie die Herznote dieses Buches:

Ihr wisst, wer ihr seid, und ihr wisst, wer wir sind – und was wir zusammen bewegen können.

Und jetzt stellt euch einfach vor, dass ich gerührt bin.

Winterbach (Pfalz), den 9. November 2024

Ulrich Wirth

---

[8] Vgl. zu Konfrontationspostern Ulrich Wirth: Wieviel New Work steckt in der Ausbildung von Gesundheitsfachberufen – Ein Erfahrungs- und Praxisbericht aus einer Universitätsklinik. In: Patrick Merke (Hrsg.): New Work in Healthcare. Die neue und andere Arbeitskultur im Gesundheitswesen. Berlin 2022, S. 145-152, hier S. 147.

Pflege und Gesundheitsausbildung neu gedacht

Community Outreach und Agenda Setting als innovative Ansätze
für die strategische und politische Positionierung von
Gesundheitseinrichtungen

1   Einleitung

Die Ausbildung von Pflegefachpersonen und der nicht-ärztlichen Gesundheitsfachberufe steht vor erheblichen Herausforderungen, die sowohl die Qualität der berufsfachschulischen Ausbildung als auch die gesellschaftliche Wahrnehmung der jeweiligen Berufe betreffen. Dazu zählen:

- Der *Fachkräftemangel* und die Auswirkungen des *demografischen Wandels*,

- die wachsende Bedeutung der *Digitalisierung*,

- zunehmende *Arbeitsbelastung und Stressfaktoren*,

- ein Mangel an gesellschaftlicher *Anerkennung*,

- hohe *Ausbildungsabbruchquoten*,

- *finanzielle Engpässe* und Kürzungen in Bildungseinrichtungen,

- komplexere Patientenbedürfnisse und Multimorbidität,

- *sprachliche und kulturelle Hürden* bei einer diversen Patientenstruktur,

- *fehlende qualifizierte Lehrkräfte*,

- *fehlende Praxisanleiter* aufgrund unattraktiver Zulagen und inadäquater Eingruppierung,

- *Defizite in der interdisziplinären Ausbildung* für die sektorübergreifende Zusammenarbeit,

- ein *zunehmender Wettbewerb* um Nachwuchskräfte mit anderen Berufen und Branchen,

- die Herausforderung, *nachhaltige Praktiken* in der Pflegeausbildung zu etablieren sowie

- die Notwendigkeit, *innovative Lehrmethoden und pädagogische Konzepte* zu entwickeln, um die Ausbildung an die sich wandelnden Anforderungen des Gesundheitswesens anzupassen.

Machen wir uns bitte nichts vor:

Das alles verlangt nach einer Transformation, die
über kosmetische Korrekturen weit hinausgeht.

Pflegeschulen und Schulen für Gesundheitsfachberufe sind nicht mehr bloße Bildungsinstitutionen – sie haben sich zu Dreh- und Angelpunkten des gesellschaftlichen Fortschritts entwickelt. Sie stehen jedoch zugleich vor der Herausforderung, diese Rolle aktiv zu gestalten: Je nach Richtung kann daraus ein Fortschritt hin zu resilienten, zukunftsfähigen Gesundheitssystemen werden – oder aber ein Stillstand, der die Berufe in ein veraltetes, kaum tragfähiges System zurückfallen lässt.

Der anhaltende Fachkräftemangel, der demografische Wandel und die zunehmende Digitalisierung verlangen nach gänzlich neuen Lösungsansätzen, um den Gesundheitssektor langfristig zu stärken. Diese Herausforderungen betreffen dabei nicht nur die Pflege, sondern ebenso andere Gesundheitsfachberufe wie Anästhesietechnische Assistenten, Diätassistenten, Ergotherapeuten, Hebammen, Logopäden, Medizinische Technologen der Fachrichtungen Funktionsdiagnostik, Laboranalytik und Radiologie, Orthoptisten,

Operationstechnische Assistenten, Physiotherapeuten sowie Rettungsassistenten.

- *Der erhebliche Mangel an Fachkräften* in den Gesundheitsberufen – sei es in der Pflege, in der Physiotherapie oder in der Diätetik – gefährdet die Qualität der Gesundheitsversorgung. Eine qualifizierte Ausbildung und eine gesteigerte Attraktivität der Berufe sind daher unerlässlich, um dieser Entwicklung entgegenzuwirken.

- *Die zunehmende Digitalisierung* umfasst nicht nur die Pflege, sondern auch andere Gesundheitsfachberufe. Medizinische Technologen im Labor oder in der Radiologie müssen ebenso digitale und KI-gestützte Systeme bedienen können. Die Curricula dieser Berufe müssen entsprechend modernisiert und digitale Kompetenzen umfassend vermittelt werden.

- *Die alternde Gesellschaft* bringt besondere Herausforderungen für sämtliche Gesundheitsfachberufe mit sich, vor allem im Bereich der spezialisierten Langzeit- und Geriatriepflege, Physiotherapie, Ergotherapie und Logopädie, wodurch gezielte Anpassungen der Ausbildungsinhalte notwendig werden.

- *Die komplexen Anforderungen* in der Patientenversorgung, insbesondere bei chronischen Erkrankungen, verlangen in allen Berufen spezialisierte Kenntnisse und umfassende Betreuungsfähigkeiten, wie z. B. in der Funktionsdiagnostik und der Anästhesie.

- *Die interkulturelle Kompetenz* wird durch die zunehmende Vielfalt der Patientenschaft zu einem entscheidenden Faktor – von Pflegekräften bis hin zu Ergotherapeuten und

Logopäden. Ausbildungsprogramme müssen neue Wege finden, diese Kompetenzen zu stärken.

- *Der Zugang zur Gesundheitsversorgung* ist in ländlichen Regionen zunehmend schwierig. Dies betrifft nicht nur die Pflege, sondern auch Berufe wie die Physiotherapie und die Logopädie, was innovative Ansätze wie mobile Gesundheitsdienste und Teletherapie erforderlich macht.

- *Der Fachkräftemangel* ist auch in der Ausbildung selbst spürbar, denn es fehlen qualifizierte Gesundheitspädagogen und Praxisanleiter in sämtlichen Gesundheitsberufen, was die Lehrqualität in vielen Institutionen bedroht.

- *Finanzierungsengpässe in Bildungseinrichtungen* schränken die Möglichkeit ein, moderne und praxisnahe Ausbildungsprogramme für Berufe wie Orthoptik, Rettungsdienst und medizinische Technologie umfassend umzusetzen.

- *Die Nachwuchsgewinnung* gestaltet sich herausfordernd, da das Image der Berufe gestärkt werden muss, um langfristig genügend Fachkräfte für die unterschiedlichen Bereiche der Gesundheitsversorgung zu gewinnen.

Schluss mit Phrasen

Hand aufs Herz: Sie haben ein Déjà-vu und haben das so oder so ähnlich schon einmal gehört oder gelesen? Ich auch. Höchste Zeit also für ein Umdenken, besser noch für ein Um-Handeln:

Putting words into action…

Es ist ein Wettrennen gegen die Uhr: Bildungsprogramme müssen schnellstmöglich umgestaltet werden, es bedarf innovativer Ansätze, um sicherzustellen, dass Pflegeschulen und Schulen für Gesundheitsfachberufe zukunfts- und wettbewerbsfähig bleiben, auch und gerade im Vergleich zu ihren Mitbewerbern am Markt: den IHK- und HWK-Berufen, den Hochschulen und Universitäten. Pflegeschulen und Schulen für Gesundheitsfachberufe spielen eine zentrale Rolle, da sie nicht nur Fachkräfte ausbilden, sondern auch relevante Impulse für den gesellschaftlichen und politischen Diskurs setzen können. Und genau diese Trumpfkarte soll Ihnen dieses Buch in die Hand geben – mit *praktischen Werkzeugen* und *bewährten Ansätzen*, um die entscheidenden Weichen im Gesundheitswesen neu zu stellen und nachhaltig zu stärken.

Mit den Konzepten *Community Outreach und Agenda Setting* glaube ich, innovative Möglichkeiten gefunden zu haben, um einerseits die Pflege- und Gesundheitsfachberufe praxisnäher und gesellschaftsorientierter zu gestalten und andererseits Pflege- und Gesundheitsfachberufe besser in der öffentlichen Wahrnehmung zu verankern. In meiner Einrichtung fahren wir damit sehr gut.

Während *Community Outreach* auf die direkte Interaktion mit der Gesellschaft abzielt, um praktische Unterstützung zu leisten und Bildungsangebote in die Gemeinschaft zu tragen, richtet sich *Agenda Setting* darauf, wichtige Themen im öffentlichen und politischen Diskurs zu verankern. Letztlich tragen jedoch beide Ansätze – wenn auch eher mittel- bis langfristig – zur Sicherung von Fachkräften bei.

Dieses Buch zielt darauf ab, die zentralen Konzepte von Community Outreach und Agenda Setting vorzustellen und ihre Relevanz für die Pflegeausbildung und die Ausbildung in den Gesundheitsfachberufen zu erläutern. Diese Ansätze sind notwendig, um

Bildungsmanagern, Personalverantwortlichen und Gesundheitspädagogen Werkzeuge an die Hand zu geben, mit denen sie aktiv die Zukunft der Gesundheitsausbildungen gestalten und politische und gesellschaftliche Veränderungen anstoßen können:

- *Community Outreach* hilft Ausbildungsstätten dabei, ihre *Verbindung zur Gemeinschaft zu stärken und die Ausbildung praxisnah zu gestalten.*

- *Agenda Setting* befähigt die Handlungsträger, *als aktive Akteure im öffentlichen und politischen Diskurs aufzutreten und wichtige Themen zu platzieren.*

Ich habe dieses Buch so aufgebaut, dass es einen systematischen Leitfaden bietet, wie Gesundheitsfachschulen Community Outreach und Agenda Setting erfolgreich umsetzen können. Es richtet sich an Bildungsverantwortliche, Schulleiter, Lehrkräfte, Praxisanleiter – für mich die *Hidden Champions*[9] insbesondere im

---

[9] Warum sind Praxisanleiter die *Hidden Champions*? Sie stehen täglich an der Schnittstelle zwischen Theorie und Praxis und fungieren als entscheidende Brücke zwischen Ausbildungsstätten und dem Berufsalltag in der Gesundheitsversorgung. Ihre Aufgabe geht weit über die reine Wissensvermittlung hinaus. Praxisanleiter gestalten maßgeblich die berufliche Identität und das Selbstverständnis der Auszubildenden, fördern deren Bindung an die Gesundheitsberufe und formen das gesellschaftliche Bild dieser Berufe. Oftmals sind sie die ersten Botschafter, die den Wert und die Realität des Berufs nach außen tragen und damit ein authentisches, nahbares Bild schaffen.
Einer der Schlüsselfaktoren für ihren Erfolg im Community Outreach liegt in ihrer Zusammenarbeit mit jungen Menschen, die nur wenig älter sind als die potenziellen Zielgruppen für Gesundheitsberufe. Diese Nähe ermöglicht es Praxisanleitern, auf Augenhöhe zu kommunizieren und als *Role Models* für die angehenden Fachkräfte zu wirken. Dadurch sind sie in der Lage, auf eine besonders direkte und authentische Weise für den Beruf zu werben und einen bleibenden Eindruck zu hinterlassen. Wenn Praxisanleiter mit Auszubildenden arbeiten, vermitteln sie nicht nur Wissen und Fähigkeiten, sondern inspirieren und motivieren zugleich. Gerade in Workshops oder Medutainment-Angeboten, bei denen die Praxis im Vordergrund steht, bieten sie potenziellen Auszubildenden die Möglichkeit, die Berufe hautnah zu erleben und einen

Community Outreach –, aber auch an politisch Verantwortliche, die sich mit der Weiterentwicklung von Aus-, Fort- und Weiterbildungen im Gesundheitssektor beschäftigen.

Mein klares Nutzenversprechen an Sie

Pflege und Gesundheitsausbildung neu gedacht. Community Outreach und Agenda Setting als innovative Ansätze für die strategische und politische Positionierung von Gesundheitseinrichtungen schließt eine Lücke, denn es ist das erste Fachbuch zum Thema.

Ich habe es bewusst als strategischen Leitfaden konzipiert, der Führungskräfte, Lehrende und Innovatoren in der Gesundheitsbildung darin unterstützt, gesellschaftlichen Wandel aktiv mitzugestalten und ihre Einrichtung als Schlüsselfigur für nachhaltige Veränderung zu positionieren.

---

authentischen Einblick in den Arbeitsalltag zu gewinnen. Praxisanleitung lässt die jungen Menschen den Beruf spüren und dessen Herausforderungen wie auch Erfüllungen direkt erfahren.
Ein weiterer Vorteil der Praxisanleiter ist ihr tiefes Verständnis für die Bedürfnisse und Erwartungen der jungen Generation. Sie hören zu, beobachten und sammeln kontinuierlich Eindrücke, die sie an die Ausbildungsinstitutionen und auch an politische Entscheider weitergeben. Diese Rückkopplungsschleife zwischen den Auszubildenden und den Ausbildungsstätten stellt eine wichtige Grundlage für das Agenda Setting dar. Praxisanleiter fungieren somit als Sprachrohr und Einflussnehmer für die Optimierung der Ausbildung und Berufspraxis. Durch ihre tägliche Arbeit sind sie in einer einzigartigen Position, Trends und Herausforderungen frühzeitig zu erkennen und konstruktive Impulse für die Weiterentwicklung der Gesundheitsberufe zu setzen.
Mit ihrem Engagement schaffen sie es, ein realistisches und dennoch positiv besetztes Bild der Gesundheitsberufe zu formen. Diese authentische und praxisnahe Darstellung trägt entscheidend dazu bei, das Image der Berufe zu stärken und eine langfristige Bindung an den Beruf zu fördern. Praxisanleiter sind damit nicht nur Wissensvermittler, sondern auch Brückenbauer, die durch ihren Einsatz den Gesundheitsberufen eine starke und einladende Präsenz in der Gesellschaft verleihen.

Mit einem praxisorientierten Mix aus bewährten Methoden, visionären Fallstudien und konkreten Umsetzungsplänen befähigt dieses Buch seine Leser, die Gesundheitsbildung über ihre herkömmliche Rolle hinaus zu verstehen und proaktiv als transformative Kraft zu nutzen.

Es bietet Ihnen eine Schritt-für-Schritt-Anleitung für die Umsetzung von Community Outreach und Agenda Setting in Ihrer Bildungsstätte, veranschaulicht durch inspirierende Erfolgsbeispiele, die bereits nachhaltige Wirkung entfaltet haben.

Jeder Leser – ob erfahrener Praktiker oder Neueinsteiger – wird hier wertvolle Tools, Ansätze und Denkanstöße finden, um Themen zu setzen, die in einer sich schnell wandelnden Gesellschaft und im Gesundheitssektor unerlässlich sind.

Dieses Buch schafft Wissen, inspiriert zum Handeln und bietet konkrete Lösungen für alle, die über die bloße Wissensvermittlung hinaus zur gesellschaftlichen Transformation beitragen möchten.

2 Was ist Community Outreach?

2.1 Definition und Konzepte

Gemeinschaftsinitiative, direkter Bürgerkontakt und gesellschafts-politisches Gewissen sind vage Umschreibungen dessen, um was es geht:

> *Community Outreach ist nicht einfach nur ein Schlagwort; es ist vielmehr eine Philosophie des Engagements.*

Im Kern geht es darum, dass Institutionen wie Universitäten, Bibliotheken, Museen, aber eben auch Pflegeschulen und Schulen für Gesundheitsfachberufe, ihre Dienstleistungen, Ressourcen und Bildungsangebote *direkt* in die Gesellschaft tragen, um die Bedürfnisse der Gemeinschaft besser zu verstehen und *gemeinsam mit ihr Lösungen zu entwickeln.*

> *Es ist kein „Wir kommen, um zu helfen", sondern ein „Wir kommen, um gemeinsam zu gestalten".*

Es handelt sich somit um eine *proaktive* Form des Engagements.

Vier Haupttypen von Community Outreach können wir dabei unterscheiden:[10]

1. *Bildungsprogramme:* Diese fördern Wissen und den Erwerb von Kompetenzen, z. B. durch Workshops oder Infoveranstaltungen. Sie zielen darauf ab, Bildungsbarrieren abzubauen und neue Perspektiven zu eröffnen.

---

[10] Vgl. dazu Different Types of Community Outreach. Online im WWW: https://www.growleady.io/blog/what-are-the-different-types-of-community-outreach.

2. *Gesundheitsinitiativen:* Programme zur Gesundheitsförderung oder Prävention, zu Gesundheitskompetenz und Health Literacy, die das Bewusstsein für persönliche und öffentliche Gesundheit stärken.[11]

3. *Kulturelle Veranstaltungen:* Fördern die kulturelle Vielfalt und das Gemeinschaftsgefühl, z. B. durch Festivals oder Sprachkurse, die Integration und kulturellen Austausch unterstützen.

4. *Umweltprojekte:* Aktionen zur Förderung des Umweltbewusstseins und nachhaltigen Verhaltens, wie Pflanz- oder Müllsammelaktionen.

Diese Typen passen sich den jeweiligen Bedürfnissen der Zielgruppen an und fördern nachhaltigen sozialen Wandel.

---

[11] Ein gelungenes Beispiel für eine Präventionsmaßnahme ist das Präventionsnetzwerk Ortenaukreis (PNO). Seit über zehn Jahren verfolgt das Netzwerk eine kommunale Gesundheitsstrategie, die konkrete Maßnahmen zur Organisationsentwicklung in Kitas und Grundschulen implementiert, um diese Bildungsinstitutionen zu gesundheitsförderlichen Umfeldern zu machen. Aufgrund der positiven Evaluationsergebnisse wurde PNO verstetigt und zu einer umfassenden Präventionskette ausgebaut, die von der Schwangerschaft bis zum 18. Lebensjahr reicht. Dieses Modell zeigt, wie gezielte und langfristige Präventionsstrategien auf kommunaler Ebene eine nachhaltige Wirkung erzielen und Kinder und Jugendliche in allen Entwicklungsphasen begleiten können. Online im WWW: https://www.pno-ortenau.de/.

2.2   Abgrenzung (I): *Third Mission* im Vergleich zu Community Outreach

Das Konzept der *Third Mission* ergänzt die traditionellen Aufgaben der Hochschulen – nämlich Forschung und Lehre – durch eine *zusätzliche gesellschaftliche Verantwortung.*[12]

Universitäten und Hochschulen wenden sich damit verstärkt ihrer gesellschaftlichen Umwelt zu, um durch wechselseitige Interaktionen Wissen zu teilen, Innovationen zu fördern und aktiv zur sozialen, kulturellen und wirtschaftlichen Entwicklung beizutragen.

Community Outreach hingegen ist spezifischer in seiner direkten Wirkung auf die Gemeinschaft und fokussiert oft gezielte, dialogische Engagements, die eine reziproke Beziehung zwischen Institution und Gesellschaft schaffen.

Laut E3M-Projekt *European Indicators and Ranking Methodology for University Third Mission* umfasst die Third Mission drei zentrale Dimensionen:[13]

---

[12]   Vgl. dazu Isabel Roessler: Third Mission. Die ergänzende Mission neben Lehre und Forschung. In: Wissenschaftsmanagement 2 (2015), S. 46f. Online im WWW: https://www.wissenschaftsmanagement.de/dateien/dateien/weiter bildung/downloaddateien/wim_2015_02_isabell_roessler_third_mission.pdf; Daniel Graf u.a.: Third Mission. In: Tobias Schmohl und Thorsten Philipp (Hrsg.): Handbuch Transdisziplinäre Didaktik. Bielefeld 2021, S. 323-332. Online im WWW: https://www.pedocs.de/volltexte/2023/27713/pdf/Graf_et_al_2023_Third_mission.pdf.

[13]   Online im WWW: https://www.bmbwf.gv.at/Themen/HS-Uni/Hochschul-governance/Leitthemen/Dritte-Mission.html.

1. *Technologietransfer und Innovation:* Dieser Bereich umfasst direkte und indirekte Prozesse, wie den Transfer von Wissen über Absolventen oder durch die Patentierung und Entwicklung von Technologien, die der Gesellschaft zugutekommen.

2. *Wissenschaftliche Weiterbildung:* Hierzu zählen Aktivitäten, die das Wissen und die Kompetenzen innerhalb einer beruflichen oder gesellschaftlichen Perspektive erweitern. Die Weiterbildungsangebote sind strategisch in die Hochschulstrukturen eingebunden und zielen auf die kontinuierliche Wissensvermittlung an die Bevölkerung ab.

3. *Soziales Engagement:* Diese Dimension umfasst Kooperationen mit der Gesellschaft auf verschiedenen Ebenen, sei es durch praxisorientierte Lehre, Community-Based Research oder das Engagement in lokalen Projekten.[14]

Third Mission und Community Outreach müssen allerdings voneinander abgegrenzt werden: Zwar haben sie gemeinsam, dass sie eine Brücke zur Gesellschaft schlagen. Während jedoch Community Outreach meist konkret auf eine Gemeinschaft ausgerichtet ist, um direkte Beziehungen und langfristiges Vertrauen zu schaffen, umfasst die Third Mission eine breitere Palette an Interaktionen und Zielen, die auch die Bereiche Technologietransfer und wirtschaftliche Innovation einbeziehen. So ist die Third Mission als Dachkonzept umfassender und institutionell stärker verankert, da es alle Aspekte der gesellschaftlichen Interaktion einer Hochschule – von

---

[14]   Vgl. hierzu Karsten Altenschmidt und Wolfgang Stark (Hrsg.): Forschen und Lehren mit der Gesellschaft. Community Based Research und Service Learning an Hochschulen. Wiesbaden 2016.

der Forschung bis zur aktiven regionalen Entwicklungsförderung –
zusammenführt.

Wie Community Outreach, so sieht sich auch die Third Mission
Herausforderungen gegenüber: Die *Notwendigkeit institutioneller
Verankerung* und die *Anpassung an regionale Bedürfnisse* sind
zentrale Anforderungen. Eine dezentrale Strukturierung, die auf die
jeweiligen Gemeinschaften und ihre spezifischen Anliegen eingeht,
wird daher empfohlen, um ein echtes Empowerment der Gesellschaft zu fördern.

2.3 Abgrenzung (II): Weitere verwandte Begriffe

Zur präzisen Verortung von Community Outreach bietet es sich an,
verwandte Konzepte genauer zu betrachten, um die besondere
Tiefe und Reichweite dieses Ansatzes im gesellschaftlichen Kontext
hervorzuheben:[15]

- *Soziale Verantwortung (Corporate Social Responsibility,
  CSR):* CSR verfolgt das Ziel, dass Organisationen ihre Verantwortung gegenüber der Gesellschaft wahrnehmen, mit
  einem Schwerpunkt auf ethischem Handeln und nachhaltigen Strategien. Community Outreach jedoch geht
  darüber hinaus, indem es nicht nur ethische Grundsätze,
  sondern konkrete Interventionen und Programme einsetzt,

---

[15] Engagierte Zusammenfassung hier: Christian Berthold, Volker Meyer-Guckel
und Wolfgang Rohe (Hrsg.): Mission Gesellschaft. Engagement und
Selbstverständnis der Hochschulen. Ziele, Konzepte, internationale Praxis.
Essen 2010. Online im WWW: https://www.wissenschaftsmanagement-
online.de/sites/www.wissenschaftsmanagement-online.de/files/migrated_
wimoarticle/mission_gesellschaft.pdf.

die direkt in die Gemeinschaft hineinwirken und so aktive Veränderungsimpulse setzen.

- *Bürgerbeteiligung (Citizen Engagement, Civil Engagement):* Während Bürgerbeteiligung die Einbindung der Bevölkerung in Entscheidungsprozesse, insbesondere im kommunalen oder politischen Bereich, umfasst, bewegt sich Community Outreach noch umfassender. Es schließt nicht nur politische, sondern auch soziale und bildungsbezogene Komponenten ein, die auf eine reziproke Lernkultur und den Austausch zwischen Gesellschaft und Institutionen zielen.

- *Soziales Marketing:* Ziel des sozialen Marketings ist es, Verhaltensänderungen innerhalb der Gesellschaft gezielt zu fördern. Dabei fokussiert es oft auf bestimmte Verhaltenstypen oder gesellschaftliche Botschaften. Community Outreach hingegen schafft und pflegt längerfristige Beziehungen und basiert auf einem dialogischen Ansatz, der den Austausch mit der Gemeinschaft über spezifische Botschaften hinaus auf eine breitere, tiefere Ebene hebt.

- *Netzwerkbildung (Networking):* Networking konzentriert sich auf den Aufbau und die Pflege beruflicher Beziehungen, oft als Mittel zur Karriereförderung und zur Vernetzung innerhalb von Branchen. Im Gegensatz dazu zielt Community Outreach auf konkretes soziales Engagement und den Austausch in der Gemeinschaft ab und verfolgt dabei weniger individuelle als kollektive Interessen und soziale Entwicklungen.

- *Bürgerwissenschaften (Citizen Science):* Citizen Science beschreibt wissenschaftliche Projekte, die die breite Bevölkerung als aktive Teilnehmer, häufig in der Datensammlung, einbeziehen. Community Outreach fördert hingegen den Transfer von Wissen und das soziale Engagement weit über die wissenschaftliche Forschung hinaus und setzt den Fokus auf eine beidseitige Lernerfahrung mit einem sozialen Nutzen.

- *Community Service und Service Learning:* Community Service bezieht sich häufig auf freiwillige, unbezahlte Tätigkeiten, die direkt der Gemeinschaft zugutekommen, z. B. durch gemeinnützige Arbeit oder Hilfsprojekte. Service Learning geht einen Schritt weiter, indem es Lernprozesse mit gemeinnütziger Arbeit verknüpft. Dabei wird den Teilnehmenden ermöglicht, durch praxisbezogene Aufgaben, die zur Gemeinschaft beitragen, zu lernen und ihre Kompetenzen weiterzuentwickeln. Im Gegensatz dazu umfasst Community Outreach einen dialogischen Ansatz, der nicht nur auf Engagement, sondern auch auf den Aufbau von nachhaltigen Beziehungen und auf die Förderung eines beidseitigen Lernprozesses abzielt. Outreach-Programme sind oft komplexer strukturiert und auf langfristige Partnerschaften und soziale Veränderungen ausgelegt.[16]

---

[16]   Vgl. dazu Frank Adloff: Community Service und Service-Learning. Eine sozialwissenschaftliche Bestandsaufnahme zum freiwilligen Engagement an amerikanischen Schulen und Universitäten. Berlin 2002. Online im WWW: https://www.maecenata.eu/wp-content/uploads/2021/02/OP5.pdf; Anne Sliwka: Service Learning. Verantwortung lernen in Schule und Gemeinde. Berlin 2004. Online im WWW: https://www.pedocs.de/volltexte/ 2008/258/pdf/Sliwka.pdf; Beatrice Dernbach und Magdalena Klages (Hrsg.): Interdisziplinäre Lehre für nachhaltige Entwicklung. Beiträge zur ersten

- *Social Entrepreneurship:* Social Entrepreneurship beschreibt Unternehmertum, das gesellschaftliche Probleme durch innovative Lösungen angeht, oft mit einem Fokus auf soziale Nachhaltigkeit statt auf Profit. Social Entrepreneurs entwickeln Projekte, die nicht nur die Bedingungen in der Gesellschaft verbessern, sondern auch andere dazu motivieren, sich unentgeltlich zu engagieren. Community Outreach hingegen geht über einzelne unternehmerische Initiativen hinaus, indem es auf dauerhafte Beziehungen setzt und eine dialogische Interaktion mit der Gemeinschaft fördert, um umfassendere soziale Veränderungen zu bewirken.

- *Widening Participation:* Die Ausweitung von Hochschulzugangswegen für im Hochschulsystem unterrepräsentierte Zielgruppen, im internationalen Kontext als *widening participation* bezeichnet, zielt darauf ab, soziale Ungleichheiten abzubauen. Es umfasst oft Programme, die bildungsferne Zielgruppen aktiv fördern und integrieren, um eine breitere gesellschaftliche Teilhabe zu ermöglichen. Community Outreach hingegen ist stärker auf die unmittelbare Interaktion und den Austausch mit der Gemeinschaft ausgerichtet und bezieht vielfältige Akteure außerhalb des akademischen Kontexts ein, um durch gegenseitiges Lernen und soziale Kooperationen eine nachhaltige Wirkung zu erzielen.[17]

Fachkonferenz 2023 an der Technischen Hochschule Nürnberg Georg Simon Ohm. Nürnberg 2023. Online im WWW: https://www.uni-flensburg.de/fileadmin/content/institute/biologie/arbeitsgruppe-stiegel/dokumente/konferenzband-dernbach-klages.pdf.

[17] Vgl. hierzu Caroline Kamm, Alexander Otto und Andrä Walter: Nicht-traditionelle Studierende. In: Tillmann Grüneberg u.a. (Hrsg.): Handbuch Studienberatung: Berufliche Orientierung und Beratung für akademische Bildungswege. Bd. 2. Bielefeld 2021, S. 573-579.

Diese Begriffe mögen helfen, die Vielzahl an Facetten von Community Outreach präziser zu skizzieren. Sie liefern Ihnen aber auch Keywords für die eigene Suche nach Beispielen, die Sie für Ihre Zwecke adaptieren können.

Für den Fall, dass Sie *Öffentlichkeitsarbeit (Public Relations)* in der Aufstellung vermisst haben – nun, Öffentlichkeitsarbeit dient oft als *einseitiger Prozess zur Imagepflege*, während Community Outreach einen echten Dialog, geprägt von gegenseitigem Lernen und tiefem Austausch, verkörpert.

Auch *Schulkooperationen* stehen häufig für direkte Partnerschaften zwischen Schulen und Unternehmen oder Bildungseinrichtungen, während Outreach-Programme deutlich breiter gefasst sind und diverse gesellschaftliche Akteure einbeziehen, um das gemeinsame Lernen zu fördern und nachhaltige soziale Beziehungen aufzubauen.[18]

2.4   Die Bedeutung von Outreach

In meiner beruflichen Praxis als Leiter eines universitären Bildungszentrums ist Outreach für sämtliche unserer Ausbildungen schon länger kein *Nice-to-have* mehr, sondern ein unverzichtbares Instrument. Es ist von zentraler Bedeutung, weil es Pflegeschulen und Schulen für Gesundheitsfachberufe ermöglicht, sich intensiv und proaktiv mit den realen Bedürfnissen und Herausforderungen der Gesellschaft zu vernetzen. Indem Bildungseinrichtungen

---

[18]   Das *Journal of Community Engagement and Higher Education* bietet tiefere Einblicke in diese Unterscheidungen. Online im WWW: https://jcehe. indianastate.edu/index.php/joce/index; weitere Informationen zur Definition und Abgrenzung von Community Outreach finden sich auf den Seiten der *Association for Community Health Improvement*. Online im WWW: https://www.healthycommunities.org/.

bewusst den Dialog mit der Gemeinschaft suchen, entwickeln sie praxisnahe und bedarfsorientierte Ausbildungsangebote, die den tatsächlichen Anforderungen im Gesundheitswesen entsprechen. Ich spreche hier gerne von *Passgenauigkeit*. Darüber hinaus trägt Outreach wesentlich dazu bei, das *gesellschaftliche Ansehen* der Gesundheitsberufe zu stärken – insbesondere der Pflege, die, wie ich beobachte, seit den 1980er Jahren unter einer beständigen Negativdarstellung leidet. Auf diese Weise unterstützt Outreach nicht nur den Imagewandel, sondern wirkt nachhaltig der Nachwuchskrise in den Gesundheitsberufen entgegen.

Outreach-Programme können z. B. Praktika in ländlichen Regionen, Gesundheitsaufklärungskampagnen oder die Zusammenarbeit mit interkulturellen Zentren umfassen. Es kann nicht schaden, einmal geografisch über den Tellerrand zu schauen: Das *Robert Wood Johnson Foundation Center for Health Policy* bietet zahlreiche Fallstudien und Best-Practice-Beispiele aus dem Gesundheitsbereich.[19]

2.5   Erfolgsbeispiele für Community Outreach

Nachdem die grundlegenden Konzepte und Abgrenzungen von Community Outreach geklärt sind, stellt sich die Frage: Wie wirken diese in der Praxis? Hier zeige ich innovative Ansätze, die erfolgreich erprobt und etabliert wurden und die durch gezielte Maßnahmen die Gesundheitsversorgung verbessern und gleichzeitig gesellschaftliche Anliegen fördern. Die folgenden Beispiele verdeutlichen, wie verschiedene Modelle und Initiativen es schaffen, Zugang zu Gesundheitsdienstleistungen zu erleichtern, Eigenverantwortung zu stärken und soziale Gerechtigkeit zu fördern, mithin

---

[19]   Online im WWW: https://www.rwjf.org/.

den gesellschaftlichen Mehrwert steigern und nachhaltige Veränderungen bewirken.

- *Rural and Remote Nursing*: In abgelegenen Gemeinden in Kanada wurde ein Programm initiiert, bei dem Pflege-studierende Gesundheitsdienstleistungen vor Ort anbieten. Dabei lernen sie nicht nur, wie man unter schwierigen Bedingungen arbeitet, sondern bauen auch eine enge Beziehung zur lokalen Bevölkerung auf. Diese Art von Community-Based Learning hilft, praktische Erfahrungen zu sammeln und die Pflegekräfte für die Bedürfnisse spezifischer Bevölkerungsgruppen zu sensibilisieren, also für passgenaue Gesundheitsdienstleistungen.[20]

- *Mobile Gesundheitskliniken:* Mobile Gesundheitskliniken sind spezialisierte Fahrzeuge, die Gesundheitsdienst-leistungen in unterversorgte oder schwer zugängliche Gebiete bringen. Ihr Angebot reicht von Screening- und Testverfahren über Impfungen bis hin zu Beratung, Gesund-heitsaufklärung und gezielten Überweisungen. Diese mobilen Kliniken verbessern den Zugang zur Gesund-heitsversorgung, verringern gesundheitliche Ungleichheiten und können Ausbrüche von Krankheiten präventiv eindämmen. Ein Beispiel ist der *Family Van* in Boston, der seit 1992 über 100.000 Menschen betreut hat, vor allem einkommensschwache und benachteiligte Bevölkerungs-gruppen. Studien zeigen, dass der Family Van durch

---

[20]   Online im WWW: https://nursing.ucalgary.ca/current-students/graduate/graduate-certificates/rural-and-remote-nursing.

präventive Versorgung Kosten spart, indem er die Zahl der Notfallbesuche und Krankenhausaufenthalte reduziert.[21]

- *Gemeinschaftsgärten:* Gemeinschaftsgärten bieten Menschen die Möglichkeit, ihre eigenen Lebensmittel, Blumen oder Kräuter anzubauen und schaffen zugleich Raum für soziale Interaktion, Erholung und Bildung. Sie fördern Ernährungssicherheit, Umweltbewusstsein und stärken das Zusammengehörigkeitsgefühl in der Gemeinschaft. Ein herausragendes Beispiel ist das *Edible Schoolyard Project* in Berkeley, Kalifornien, das seit 1995 Schülern beibringt, wie man gesunde Lebensmittel anbaut, zubereitet und genießt. Dieses Projekt hat weltweit über 6.200 ähnliche Initiativen inspiriert.[22]

Im Saarland erkannte das Team der Kindertagesstätte Löwenzahn in Heckendalheim die Vereinsamung von Kindern während der Corona-Pandemie als besondere Herausforderung. Mit dem Gartenprojekt „Unser Acker – gemeinsam wachsen" schufen sie neue Möglichkeiten, um eine gemeinschaftliche Form der Selbstwirksamkeit zu fördern und den Kontaktbeschränkungen entgegenzuwirken. Ihr Engagement wurde 2022 mit dem *Bildungspreis der Saarländischen Wirtschaft* ausgezeichnet.[23]

---

[21] Online im WWW: https://www.familyvan.org/.

[22] Online im WWW: https://edibleschoolyard.org/berkeley und https://www.timesunion.com/hudsonvalley/makers/article/alice-waters-rhinebeck-edible-schoolyard-project-18119957.php.

[23] Online im WWW: https://vsu.de/news/vsu-aktuell?tx_news_pi1%5Baction%5D=detail&tx_news_pi1%5Bcontroller%5D=News&tx_news_pi1%5Bnews%5D=1490&cHash=0e708dc1e53af0a528f3536d2cd87df0.

- *Selbsthilfegruppen für Gleichaltrige:* Selbsthilfegruppen vereinen Menschen mit ähnlichen Erfahrungen, Herausforderungen oder Interessen, um einander emotionale, praktische und informative Unterstützung zu geben. Sie fördern Resilienz, Austausch und Eigenverantwortung. So trägt das *Hearing Voices Network* in Großbritannien seit 1988 dazu bei, Menschen, die Stimmen hören oder ungewöhnliche Wahrnehmungen haben, Peer-Unterstützung anzubieten. Gleichzeitig hinterfragt das Netzwerk gesellschaftliche Stigmata und fördert alternative Ansätze, um diesen Erfahrungen zu begegnen und mit ihnen zu leben.[24]

- *Advocacy-Kampagnen:* Advocacy-Kampagnen sensibilisieren für zentrale gesellschaftliche Themen, beeinflussen die öffentliche Meinung und setzen sich gezielt für die Veränderung von Richtlinien und Praktiken ein. Sie fördern soziale Gerechtigkeit, Menschenrechte und Demokratie, indem sie Unterstützung und Solidarität mobilisieren. Ein Beispiel hierfür ist die *Seebrücke-Initiative*, die sich seit 2018 für die sichere Aufnahme von geflüchteten Menschen einsetzt. Die Bewegung fordert deutsche Städte und Gemeinden auf, sich als „Sichere Häfen" zu deklarieren, die über die EU-Quoten hinaus Geflüchtete aufnehmen. Diese Kampagne hat zahlreiche Städte – darunter Berlin, Hamburg und Frankfurt – dazu bewegt, sich offiziell zur Aufnahmebereitschaft zu bekennen und den Dialog über humanitäre Verantwortung auf lokaler Ebene zu verstärken.[25]

---

[24]   Online im WWW: https://www.hearing-voices.org/#content.

[25]   Online im WWW: https://www.seebruecke.org/.

2.6   Denkanstoß: Was fehlt?

Vor dem Hintergrund von Community Outreach und der zunehmenden Bedeutung interkultureller Kompetenzen im Gesundheitswesen stellt sich die Frage, ob Kliniken und Bildungsstätten für Pflegeberufe ihren Fokus noch breiter fassen könnten. Der bisherige Ansatz konzentriert sich stark darauf, die Integration von Fachkräften aus Drittstaaten zu gewährleisten und ein reibungsloses Miteinander von internationalem und einheimischem Personal sicherzustellen. Dabei bleibt jedoch ein weiteres Potenzial ungenutzt: Die gezielte Vorbereitung des Personals auf die kulturellen und sprachlichen Bedürfnisse von Patienten mit Migrationshintergrund, die sich oft im selben Einzugsgebiet der Kliniken befinden.

In Zusammenarbeit mit Flüchtlingsunterkünften, Migrantenorganisationen und lokalen Netzwerken könnte ein praxisnahes Fortbildungsprogramm entwickelt werden, das Pflegeazubis auf die spezifischen Herausforderungen und Anforderungen bei der Betreuung von Menschen mit Migrationshintergrund vorbereitet. Die Inhalte solcher Schulungen könnten tiefgreifende Kenntnisse über kulturell spezifische Gesundheitsvorstellungen, verschiedene Sprachbarrieren und den Umgang mit traumatisierten Patienten umfassen. Diese praxisorientierte Ausbildung würde nicht nur die pflegerische Kompetenz erweitern, sondern könnte auch das Bewusstsein für kulturelle Unterschiede und die Empathie im Pflegealltag stärken.

Ein solches Programm würde zudem die Bedeutung der Community Outreach-Ansätze in die Ausbildung einfließen lassen, indem es Azubis und Fachkräfte dazu motiviert, mit lokalen Migrantenorganisationen in Kontakt zu treten und das Verständnis für die kulturelle Vielfalt der Patienten zu vertiefen. Durch die

Zusammenarbeit könnten gemeinsame Projekte entstehen, bei denen Auszubildende interkulturelle Erfahrungen sammeln und das Vertrauen der Community gewinnen, was wiederum den Weg für ein stärker integriertes Gesundheitssystem ebnen könnte.

Letztlich trüge eine solche Initiative nicht nur zur Qualifizierung des Pflegepersonals bei, sondern auch zum Abbau gesellschaftlicher Barrieren und zur Förderung eines inklusiveren Gesundheitswesens. Der Ansatz würde einen wertvollen Beitrag zur sozialen Integration leisten, indem er die Gesundheitsversorgung als gemeinsame Brücke zwischen unterschiedlichen kulturellen Hintergründen nutzt und zeigt, wie aus der Pflege ein aktiver Akteur in der Förderung von Chancengleichheit und gesellschaftlichem Zusammenhalt werden kann.

2.7 Schritt-für-Schritt-Leitfaden zur Umsetzung von Outreach-Initiativen

Pflegeschulen und Schulen für Gesundheitsfachberufe, die Outreach-Programme in ihre Lehrpläne integrieren möchten, sollten folgende Schritte beachten:[26]

1. *Bedarfsanalyse:* Die Bedarfsanalyse ist ein entscheidender Schritt, um gezielte und wirkungsvolle Programme im Bereich der Gemeinschaftsarbeit zu entwickeln. Sie hilft, die spezifischen Bedürfnisse und Herausforderungen einer

---

[26] Eine gute Anleitung findet sich hier: 7 Steps to Successful Community Outreach: A How-To Guide. Online im WWW: https://www.growleady.io/blog/how-do-you-build-community-outreach und hier: Die besten Community Outreach-Strategien, um Kampagnen zu gewinnen. Online im WWW: https://callhub.io/blog/community-organizing/community-outreach-strategies/.

Gemeinschaft zu identifizieren und darauf basierend maßgeschneiderte Maßnahmen zu konzipieren. Die *Community Tool Box* bietet umfangreiche Tools und Anleitungen, um solche Analysen durchzuführen. Diese Ressourcen beinhalten Leitfäden zur Planung und Umsetzung von Bedarfsanalysen, Methoden zur Datenerhebung (z. B. Umfragen, Fokusgruppen) und Hinweise zur Interpretation der Ergebnisse.[27]

2. *Partnerschaften aufbauen:* Um nachhaltige Programme im Gesundheitsbereich zu etablieren, ist der Aufbau von Partnerschaften mit lokalen Organisationen, Gemeinden und Gesundheitseinrichtungen unerlässlich. Solche Kooperationen stärken die Gemeinschaft und ermöglichen es, Ressourcen und Expertise zu bündeln.

   Das *National Network of Public Health Institutes (NNPHI)* unterstützt diese Bemühungen, indem es Ressourcen, Schulungen und Netzwerke bereitstellt, die für die Zusammenarbeit und Entwicklung effektiver Gesundheitsprogramme nützlich sind – einfach mal auf deren Homepage schnuppern und sich inspirieren lassen…[28]

   In Deutschland übernimmt das *Robert Koch-Institut (RKI)* ähnliche Aufgaben wie das NNPHI in den USA.[29] Das RKI ist das zentrale Public-Health-Institut Deutschlands und unterstützt die öffentliche Gesundheit durch Forschung,

---

[27] Online im WWW: https://ctb.ku.edu/en [Datum des Zugriffs: 2024-10-25].

[28] Online im WWW: https://nursing.ucalgary.ca/current-students/graduate/graduate-certificates/rural-and-remote-nursing.

[29] Online im WWW: https://www.rki.de/DE/Home/homepage_node.html.

Beratung und die Entwicklung von Präventionsprogrammen. Es arbeitet eng mit Bundesländern, lokalen Gesundheitsbehörden und anderen Organisationen zusammen, um nachhaltige Gesundheitsprogramme zu etablieren und die öffentliche Gesundheit zu fördern.

Eine weitere wichtige Institution ist das *Bundeszentrum für gesundheitliche Aufklärung (BZgA)*, das ebenfalls Netzwerke fördert und Ressourcen für Programme im Bereich Prävention und Gesundheitsförderung bereitstellt.[30] Das BZgA arbeitet mit lokalen Akteuren, Gesundheitsämtern und Bildungseinrichtungen zusammen, um die gesundheitliche Bildung und Aufklärung in Deutschland zu verbessern.

Zusätzlich gibt es die Gesundheitsämter der Bundesländer und kommunale Gesundheitsdienste, die auf lokaler Ebene Partnerschaften eingehen und Programme entwickeln, die den spezifischen Bedürfnissen der Gemeinden entsprechen.

Nicht zu vergessen die regionalen *SCHULEWIRTSCHAFT-Netzwerke* für alle Akteure am Übergang Schule-Beruf, die sich für Nachwuchsförderung, berufliche Orientierung und Gesundheitsbildung engagieren.[31]

3. *Evaluation und Anpassung:* Regelmäßige Evaluationen sind entscheidend, um die Wirksamkeit von Programmen zur Gesundheitsförderung und Gemeinschaftsarbeit zu überprüfen und bei Bedarf Anpassungen vorzunehmen. Die *Weltgesundheitsorganisation (WHO)* bietet hierzu umfangreiche Guidelines und Reports an, die unter Community Engagement verfügbar sind. Diese Ressourcen umfassen

---

[30]   Online im WWW: https://www.bzga.de/.

[31]   Online im WWW: https://www.schulewirtschaft.de/netzwerke-vor-ort/.

Leitfäden zur Durchführung von Evaluationsprozessen, Strategien zur Datensammlung und -analyse sowie Empfehlungen zur Anpassung von Programmen auf Basis der Ergebnisse.[32]

4. *Klare Zielsetzung und Projektplanung:* Definieren Sie klare Ziele und erstellen Sie einen detaillierten Projektplan mit konkreten Meilensteinen. So stellen Sie sicher, dass alle Beteiligten die gleichen Erwartungen haben und die Fortschritte messbar sind. Diese Planung umfasst auch Ressourcenmanagement, Zeitpläne und Rollenzuweisungen innerhalb des Teams.

5. *Schulungen und Qualifizierung der Mitarbeiter:* Schulungen helfen, das Team auf Outreach-Projekte vorzubereiten und für spezifische Herausforderungen zu sensibilisieren. Dazu können Workshops zur interkulturellen Kompetenz, Kommunikationstraining oder Fortbildungen zur Bedarfsanalyse gehören.

Mein persönlicher *Work Hack:*

Sie verfügen über eine eigene innerbetriebliche Fort- und Weiterbildung? Herzlichen Glückwunsch, wie wäre es, wenn Sie *berufspädagogische Pflichtfortbildungen für Ihre Praxisanleiter* zu diesen und ähnlichen Themen auflegen?

---

[32] Online im WWW: https://www.who.int/teams/integrated-health-services/clinical-services-and-systems/community-engagement.

6. *Integration in den Lehrplan:* Um Outreach nachhaltig zu verankern, sollte es strukturiert in den Lehrplan integriert werden. Hierbei können Praxiselemente in Form von Exkursionen, Projekttagen oder Kooperationen eingebaut werden, die den Studierenden ermöglichen, direkt in der Gemeinschaft zu arbeiten.

7. *Nutzung digitaler Plattformen und Kommunikation:* Nutzen Sie digitale Kanäle und Social Media, um die Sichtbarkeit und Reichweite des Programms zu erhöhen. Dies könnte durch regelmäßige Updates auf Social Media, Pressemitteilungen oder eine eigene Projektwebsite geschehen, über die Fortschritte und Erfolge kommuniziert werden.[33]

8. *Aufbau von Feedback- und Kommunikationskanälen:* Um den Dialog mit der Community und den Teilnehmern zu fördern, sollten Feedback-Mechanismen eingerichtet werden. Fragebögen, regelmäßige Meetings und Online-Plattformen bieten Möglichkeiten, Rückmeldungen aus der Gemeinschaft und von den Studierenden einzuholen, um so das Programm stetig zu verbessern.

9. *Nachhaltigkeitsstrategie entwickeln:* Planen Sie frühzeitig, wie das Programm langfristig gesichert werden kann. Das umfasst sowohl die Finanzierung (z. B. durch Fördermittel oder Kooperationen) als auch die personelle Ausstattung und Weiterentwicklung der Outreach-Projekte über mehrere Ausbildungsjahrgänge hinweg.

---

[33] Einen guten Überblick gibt Bernhard Jodeleit: Social Media Relations. Leitfaden für erfolgreiche PR-Strategien und Öffentlichkeitsarbeit im Web 2.0. 2., aktualisierte und erweiterte Auflage. Heidelberg 2013.

10. *Erfolgsberichte und Kommunikation der Ergebnisse:* Erstellen Sie Berichte und Case Studies über den Erfolg und die Lernprozesse der Outreach-Programme. Diese Dokumentation stärkt die Transparenz und ermöglicht die Sichtbarkeit der erreichten Ziele. Eine gezielte Kommunikation dieser Ergebnisse kann dazu beitragen, das Bewusstsein für das Thema und die Relevanz von Outreach im Gesundheitsbereich zu fördern. Und sorgt dafür, dass Ihre Geschäftsführung dem nächsten Projekt gegenüber vielleicht ein bisschen weniger skeptisch ist...

2.8 Häufige Hindernisse im Community Outreach und deren gezielte Überwindung

Community Outreach ist eine zentrale Strategie für Pflegeschulen und Gesundheitsfachschulen, um Nachwuchs zu gewinnen und gesellschaftliche Akzeptanz zu stärken. Doch Outreach-Initiativen sind oft mit spezifischen Herausforderungen verbunden. Um erfolgreich zu sein, bedarf es eines differenzierten Ansatzes zur Überwindung dieser Hindernisse:[34]

- *Zielgruppenidentifikation und -einbindung:* Die gezielte Ansprache junger Menschen, die für Gesundheitsberufe infrage kommen, erfordert zunächst eine gründliche Analyse. Es ist oft schwierig, Gruppen zu erreichen, die wenig Berührungspunkte mit dem Gesundheitssektor haben oder ausgegrenzt sind. Hier ist es entscheidend, eine

---

[34] Vgl. hierzu Die Bedeutung von Community Outreach bei der Förderung des sozialen Wandels. Online im WWW: https://fastercapital.com/de/inhalt/Community-Outreach--Die-Bedeutung-von-Community-Outreach-bei-der-Foerderung-des-sozialen-Wandels.html.

Bedarfsanalyse durchzuführen und vielfältige Kommunikationskanäle zu nutzen – wie etwa soziale Medien, Schulen und lokale Veranstaltungen. Outreach-Praktiker sollten ihre Botschaften anpassen, um für diese jungen Zielgruppen relevant und ansprechend zu wirken. Ansätze wie *Peer-to-Peer-Aktivitäten*, bei denen bereits Auszubildende mit potenziellen Interessierten interagieren, mögen dabei helfen, Vertrauen aufzubauen.

- *Aufbau von Glaubwürdigkeit und Vertrauen:* Vertrauen ist das Fundament erfolgreicher Outreach-Programme, jedoch ein fragiles Gut. Die Beziehung zu den Zielgruppen und deren sozialen Netzwerken, wie Schulen oder Gemeindeorganisationen, muss sorgsam gepflegt werden. Outreach-Praktiker sollten durch Transparenz, Fachkompetenz und ein starkes Bewusstsein für die kulturellen Hintergründe und Werte der Zielgruppen Glaubwürdigkeit aufbauen. Hierbei sind wiederholte, verlässliche Interaktionen und ein *ehrliches Interesse* an den Bedürfnissen der Zielgruppen entscheidend. Workshops, die reale Praxiserfahrungen bieten, können das Vertrauen in die Gesundheitsberufe stärken und auch mit falschen Vorstellungen aufräumen.

- *Messung und Bewertung von Outreach-Wirkungen:* Die Erfassung der langfristigen Wirkung von Outreach-Initiativen – wie vermehrtes Interesse oder tatsächliche Berufswahl – ist anspruchsvoll. Es bedarf klar definierter, realistisch erreichbarer Ziele und messbarer Indikatoren, um Fortschritte zu dokumentieren. Mixed-Methods-Ansätze, die qualitative und quantitative Daten kombinieren, können hilfreiche Einsichten geben. Zudem sollte die

Zielgruppe in die Bewertung einbezogen werden, um ein direktes Feedback zu den Programmen zu erhalten. Die Einbindung der Community in regelmäßige Evaluationen erlaubt es, die Outreach-Maßnahmen bei Bedarf anzupassen und ihre Relevanz kontinuierlich zu optimieren. Haben Sie schon ein Bildungscontrolling in Ihrer Ausbildungsstätte? Wenn nicht, dann wird es jetzt Zeit...[35]

Durch die gezielte Überwindung dieser Herausforderungen kann Community Outreach in Pflegeschulen und Schulen für Gesundheitsfachberufe langfristig zu einer größeren Reichweite und einer nachhaltig positiven Wahrnehmung der Berufe im Gesundheitswesen beitragen. Ein gut durchdachtes, transparentes und flexibles Outreach-Programm legt die Grundlage für gesellschaftliche Anerkennung und verstärkte Nachwuchsgewinnung in diesen Berufsfeldern.

2.9 Schlussfolgerung: Community Outreach als strategischer Hebel für die Gesundheitsbildung

Community Outreach ist weit mehr als ein punktuelles Engagement der Gesundheitsfachschulen; es ist ein entscheidendes Instrument zur aktiven Mitgestaltung unserer Gesellschaft. Durch die enge Einbindung in die Gemeinschaft schaffen Pflegeschulen und Gesundheitsfachberufe eine Brücke zwischen institutionellem Wissen und den realen Bedürfnissen der Bevölkerung. Dieser Ansatz geht über traditionelle Bildungsziele hinaus und bietet die

---

[35] Alles, was Sie für den Aufbau Ihres Bildungscontrollings benötigen, finden Sie hier: Ulrich Wirth: Handbuch Bildungscontrolling. Steuerung von Bildungsprozessen in Pflegeschulen und Schulen für Gesundheitsfachberufe in der VUCA-Welt. Norderstedt 2023.

Chance, nachhaltig auf die gesellschaftliche Wahrnehmung und die Rahmenbedingungen im Gesundheitswesen einzuwirken.

Die vorgestellten Methoden – von der Bedarfsanalyse über Partnerschaften bis zur strategischen Kommunikation – verdeutlichen, dass Community Outreach als strukturierter und reflexiver Prozess funktioniert, der gezielte Planung und langfristiges Engagement erfordert. Institutionen, die diesen Weg gehen, setzen gezielt Impulse für eine Gesundheitsbildung, die nicht nur praxisnah, sondern auch gesellschaftlich relevant ist. Durch diesen Ansatz werden nicht nur die beruflichen Kompetenzen der Studierenden gestärkt, sondern auch das Ansehen der Gesundheitsberufe insgesamt.

Ein überraschender Aspekt von Community Outreach ist dessen potenzielle Wirkung auf die Resilienz des Gesundheitssystems selbst: Indem Ausbildungsstätten und Träger der praktischen Ausbildung in direkten Kontakt mit ihrer lokalen Gemeinschaft treten, verstehen sie die spezifischen Herausforderungen und Bedarfe vor Ort und können gezielt darauf eingehen. So tragen sie dazu bei, ein robustes Netzwerk aus Akteuren im Gesundheitswesen zu etablieren, das im Krisenfall, etwa bei lokalen oder pandemischen Ereignissen, auf die Stärken der Gemeinschaft zurückgreifen kann.

Community Outreach wird damit zum strategischen Hebel, der den Gesundheitsberufen die gesellschaftliche Wertschätzung sichert und die Fachkräfte auf die Bedürfnisse einer vielfältigen, inklusiven und resilienten Gesellschaft vorbereitet.

3   Agenda Setting in der Gesundheitsbildung

Ist die Sorge für andere nicht die Grundlage für die Vervollkommnung der menschlichen Gesellschaft? Das fasst treffend die Rolle zusammen, die Pflegeschulen und Schulen für Gesundheitsfachberufe in unserer Gesellschaft einnehmen oder zumindest einnehmen könnten. Als Bildungseinrichtungen stehen sie längst nicht nur für Ausbildung und berufliche Qualifizierung, sondern auch für eine *Vision von Fürsorge und gesellschaftlichem Fortschritt, von Mindset und Haltung*. Durch ihr Engagement im *Agenda Setting* gestalten sie aktiv die Rahmenbedingungen für die Pflegeberufe mit und (können) beeinflussen, welche Themen in der Öffentlichkeit und Politik ins Zentrum rücken. Indem sie sich für die strategische Platzierung zentraler Zukunftsthemen einsetzen, treiben sie gesellschaftliche und politische Reformen voran, die die Pflege- und Gesundheitsfachberufe stärken und langfristig sichern.

Agenda Setting ist hier nicht nur eine *Kommunikationsstrategie*, sondern geradezu ein *ethisches Anliegen*. Gesundheitsfachschulen, die genau das beherrschen, prägen die Gesellschaft, indem sie grundlegende Fragen zur Zukunft der Gesundheitsfachberufe formulieren:

- Wie lässt sich eine gesundheitsorientierte Gesellschaft gestalten, die auf gegenseitiger Fürsorge und Verantwortung beruht?

- Welche Reformen sind notwendig, um Pflege- und Gesundheitsfachberufe als essenziellen Pfeiler eines funktionierenden Gesundheitssystems zu etablieren?

- Wie können wir das Bewusstsein für die Bedeutung von Prävention und Gesundheitsförderung im Alltag stärken?

- Welche Ausbildungsreformen sind nötig, um Fachkräfte bestmöglich auf die komplexen Anforderungen des modernen Gesundheitswesens vorzubereiten?

- Wie schaffen wir Arbeitsbedingungen, die eine langfristige Zufriedenheit und Resilienz der Fachkräfte fördern?

- Welche interdisziplinären Kompetenzen sind entscheidend, um eine patientenorientierte Versorgung sicherzustellen?

- Wie können digitale Technologien sinnvoll und ethisch in die Pflege integriert werden?

- Wie lässt sich der Zugang zu Gesundheitsberufen für verschiedene gesellschaftliche Gruppen – auch international – fördern?

Inmitten tiefgreifender demografischer und technologischer Veränderungen eröffnet Agenda Setting uns Bildungsverantwortlichen die Möglichkeit, als *Gestalter des gesellschaftlichen Diskurses entscheidende Impulse* zu setzen. Diese Rolle geht weit über die fachliche Qualifizierung des Gesundheitspersonals hinaus: Wir tragen aktiv dazu bei, eine Gesellschaft zu formen, die die *Werte von Fürsorge, Verantwortung und wechselseitiger Unterstützung* nicht nur anerkennt, sondern als grundlegendes Ideal lebt. Mit diesem Ansatz fördern wir eine Kultur, die sich der Bedeutung des Gesundheitswesens und seiner Fachkräfte bewusst ist und diese Wertschätzung in nachhaltige Strukturen und Reformen überführt.

3.1   Theorie des Agenda Settings

Das Konzept des Agenda Settings stammt ursprünglich aus den
Medienwissenschaften und wurde in den 1970er Jahren von
Maxwell McCombs und Donald Shaw entwickelt. Ihre These:
Medien haben einen erheblichen Einfluss darauf, welche Themen
von der Öffentlichkeit als *wichtig* wahrgenommen werden. Indem
sie *bestimmte Aspekte betonen und andere ausblenden*, lenken sie
die Wahrnehmung und die Prioritäten der Gesellschaft:

> *The press may not be successful much of the time in*
> *telling people what to think, but it is stunningly*
> *successful in telling its readers what to think about,*

fassen McCombs und Shaw ihre Forschungsergebnisse prägnant
zusammen.[36]

In Deutschland wurde das Konzept des Agenda Settings besonders
durch Elisabeth Noelle-Neumann und ihr *Institut für Demoskopie
Allensbach* bekannt gemacht. Ihre Studien konzentrierten sich auf
die Wirkung der Medien auf die öffentliche Meinung, insbesondere
auf das Zusammenspiel von öffentlicher Meinung und Schweigespirale. Noelle-Neumanns einflussreiche Arbeiten wie *Öffentliche
Meinung: Die Entdeckung der Schweigespirale* zeigen, wie Medien
Aufmerksamkeit auf bestimmte Themen lenken und das Schweigen
oder die Zustimmung der Öffentlichkeit beeinflussen.[37]

---

[36]   Für eine vertiefende Einführung in die Agenda Setting-Theorie empfiehlt sich
ein Blick in den wegweisenden Beitrag Maxwell E. McCombs & Donald L. Shaw
(1972): The Agenda Setting Function of Mass Media. Journal of
Communication, 26 (2), S. 176-187, hier S. 177, sowie Anke Wonneberger:
McCombs & Shaw (1972): Agenda Setting. In: Olaf Hoffjann und Swaran
Sandhu (Hrsg.): Schlüsselwerke für die Strategische Kommunikationsforschung. Wiesbaden 2024, S. 421-430.

[37]   Vgl. dazu Elisabeth Noelle-Neumann: Öffentliche Meinung: Die Entdeckung
der Schweigespirale. Frankfurt am Main 1980.

Auch Hans-Bernd Brosius und Winfried Schulz haben in der deutschen Kommunikationswissenschaft wesentlich zur Weiterentwicklung des Agenda Setting beigetragen. Brosius untersuchte die Medienwirkung und erweiterte das Modell, indem er den Begriff *Themenstrukturierung* einführte und herausarbeitete, wie Medien durch selektive Themenhervorhebung das öffentliche Bild prägen.[38] Schulz, der ebenfalls Pionierarbeit in der Medienwirkungsforschung leistete, hat sich intensiv mit den *Mechanismen des Agenda Settings* beschäftigt und gezeigt, wie Themen über den medialen Diskurs im Bewusstsein der Öffentlichkeit verankert werden.[39]

Mit anderen Worten: Medien und Organisationen können durch gezielte Kommunikation Themen auf die öffentliche und politische Tagesordnung setzen. Es geht darum, die Wahrnehmung und Prioritäten der Öffentlichkeit und politischer Entscheidungsträger zu beeinflussen.

3.2   Abgrenzung (I): Agenda Setting vs. Lobbying

Das Konzept des *Agenda Settings* und die Praxis des *Lobbyings* überschneiden sich auf den ersten Blick, da beide Strategien Einfluss auf die öffentliche Meinungsbildung und Entscheidungsfindung nehmen.[40] Beide Konzepte zielen darauf ab, die Aufmerk-

---

[38]   Vgl. dazu Hans-Bernd Brosius: Themenstrukturierung in der Medienwirkungsforschung. In: Günter Bentele, Hans-Bernd Brosius und Otfried Jarren (Hrsg.): Öffentlichkeit, öffentliche Meinung, soziale Bewegungen. Opladen 1994.

[39]   Vgl. dazu Winfried Schulz: Strukturen der Öffentlichkeit: Untersuchungen zur Rolle der Massenmedien in der Demokratie. München 1976.

[40]   Vgl. dazu Peter Köppl: Lobbying und Public Affairs. Beeinflussung und Mitgestaltung des gesellschaftspolitischen Unternehmensumfeldes. In: Beat Schmid und Boris Lyczek (Hrsg.): Unternehmenskommunikation. Kommunikationsmanagement aus Sicht der Unternehmensführung. Wiesbaden 2006, S. S. 183-216; Ralf Kleinfeld, Annette Zimmer und Ulrich Willems (Hrsg.):

samkeit auf spezifische Themen zu lenken und diese im Diskurs zu verankern.

Deutliche Unterschiede sehe ich hinsichtlich von Methode und Ausrichtung. Agenda Setting wird oft als strategischer Prozess gesehen, durch den Themen langfristig und breitenwirksam im öffentlichen Bewusstsein verankert werden sollen. Dabei geht es nicht primär um die Durchsetzung spezifischer Interessen, sondern um die Etablierung relevanter Themen als gesellschaftliche Priorität. Das klassische Lobbying hingegen verfolgt meist kurzfristige Ziele, die auf spezifische politische oder wirtschaftliche Entscheidungen abzielen. Diese Form der Einflussnahme wird oft durch direkte Ansprache von Entscheidungsträgern und gezielte Interventionen unterstützt, um spezifische Entscheidungen im Sinne der Lobbygruppen zu beeinflussen.

Agenda Setting nutzt Instrumente wie Berichterstattung, öffentliche Diskussionen und gezielte Kampagnen, um das Bewusstsein für langfristige Herausforderungen zu fördern, wie etwa die Gesundheitsbildung und die Bedeutung von Pflegeberufen. Lobbying hingegen richtet sich spezifisch an Gesetzgeber oder politische Entscheidungsträger, um beispielsweise Regelungen zu beeinflussen, die spezifischen Unternehmensinteressen dienen.

Ein weiterer markanter Unterschied ist die ethische Verantwortung, die mit beiden Konzepten einhergeht. Agenda Setting zielt auf die Verankerung von gesellschaftlich relevanten Themen, oft in einem transparenten und gesellschaftlich verantwortungsbewussten Rahmen. Lobbying wird häufiger mit direkten Einflussnahmen und teils intransparenten Prozessen assoziiert, wodurch

Lobbying. Strukturen. Akteure. Strategien. Wiesbaden 2007; Günter Rieger: Soziallobbying. Lobbying im Modus der Politikberatung. In: ders.: Lobbying in der Sozialwirtschaft. Eine Einführung. Wiesbaden 2024, S. 125-152.

die ethische Verantwortung und die Transparenz der Interessen-
vertretung verstärkt in Frage gestellt werden können.

3.3   Abgrenzung (II): Weitere verwandte Konzepte

Wollen wir Agenda Setting noch präziser verorten, bietet es sich an,
weitere verwandte Konzepte genauer zu betrachten, um die besondere Tiefe und Reichweite dieses Ansatzes im gesellschaftlichen
Kontext hervorzuheben:

- *Agenda Setting und Public Relations:* Agenda Setting und
  Public Relations (PR) sind ebenfalls eng verwandt, da beide
  das Ziel haben, die Wahrnehmung von Themen zu
  beeinflussen.[41] Der Unterschied liegt jedoch darin, dass PR
  sich in erster Linie auf die Imagepflege einer Organisation
  oder Person konzentriert, während Agenda Setting die
  allgemeine Wichtigkeit eines Themas im gesellschaftlichen
  Diskurs fördert, ohne zwingend die Sichtweise einer
  bestimmten Partei hervorzuheben.

  Während PR häufig auf spezifische Kampagnen und
  kurzfristige Maßnahmen setzt, die ein positives Bild der
  Organisation in der Öffentlichkeit zeichnen sollen, verfolgt
  Agenda Setting eher eine nachhaltige und kontinuierliche
  Wirkung, indem es zentrale Themen im kollektiven
  Bewusstsein verankert. Der Ansatz von Agenda Setting
  konzentriert sich auf die Relevanz eines Themas über einen

---

[41]   Vgl. dazu Klaus Schönbach: Einige Gedanken zu Public Relations und Agenda
Setting. In: Horst Avenarius und Wolfgang Armbrecht (Hrsg.): Ist Public
Relations eine Wissenschaft? Eine Einführung. Opladen 1992, S. 325-334.

längeren Zeitraum hinweg und ist daher weniger kurzfristig ergebnisorientiert als klassische PR-Strategien.

Ein konkretes Beispiel für Agenda Setting im Bereich der Gesundheitsbildung wäre die Einführung eines langfristigen Diskurses zur Bedeutung der Prävention in der Gesellschaft, während PR eher darauf abzielen würde, das Image einer Gesundheitseinrichtung durch Kampagnen zu fördern, die die Qualität ihrer Dienstleistungen hervorheben. Agenda Setting schafft hier ein Bewusstsein für Themen, die weit über die Grenzen der Institution hinaus Wirkung entfalten sollen und gesellschaftliche Unterstützung erlangen, ohne spezifische Eigeninteressen zu verfolgen.

- *Agenda Setting und Advocacy:* Agenda Setting und Advocacy teilen das Ziel, gesellschaftliche Anliegen in den öffentlichen Diskurs zu bringen und die Wahrnehmung bestimmter Themen zu verstärken.[42] Beide Konzepte zielen darauf ab, soziale oder politische Veränderungen anzustoßen. Der Unterschied liegt jedoch in der Art und Weise, wie sie diese Veränderungen anstreben: Während Agenda Setting in erster Linie darauf abzielt, Themen als relevant zu positionieren und ein Bewusstsein für deren Bedeutung zu schaffen, verfolgt Advocacy meist konkrete politische oder gesetzliche Ziele. Advocacy geht damit über die reine Themenplatzierung hinaus und nimmt aktiv Einfluss auf

---

[42]   Vgl. dazu Christiane Fischer: Advocacy und Lobby im Gesundheitswesen. In: Peter Hensen und Christian Kölzer (Hrsg.): Die gesunde Gesellschaft. Wiesbaden 2011, S. 149-159.

Entscheidungen und Gesetzgebungen, um spezifische Ergebnisse zu erreichen.

Augenscheinlich sind die strategischen und taktischen Unterschiede: Agenda Setting arbeitet häufig indirekt über Medien und Öffentlichkeitsarbeit und setzt auf eine breite, nachhaltige Thematisierung. Es legt den Fokus darauf, dass gesellschaftliche Gruppen die Bedeutung eines Themas erkennen und sich langfristig damit auseinandersetzen. Advocacy hingegen bedient sich oft direkter Einflussmaßnahmen und mobilisiert gezielt bestimmte Interessengruppen, um politischen Druck auszuüben und spezifische Ziele durchzusetzen. Die Strategien umfassen dabei *Lobbyarbeit, Aktivismus und Kampagnen*, die oft auf spezifische Entscheidungen oder Regelungen abzielen.

Ein Beispiel für Agenda Setting im Bereich der Gesundheitsbildung könnte darin bestehen, das Thema „Gesundheitskompetenz für Jugendliche" langfristig als relevantes gesellschaftliches Thema zu etablieren und ein breites Bewusstsein zu schaffen. Advocacy im gleichen Bereich würde hingegen direkt auf die Durchsetzung von Programmen zur Gesundheitskompetenzbildung in den Lehrplänen der Schulen drängen und möglicherweise politische Entscheidungsträger beeinflussen, um verbindliche gesetzliche Rahmenbedingungen zu schaffen.

Auch hinsichtlich der ethischen und kommunikativen Aspekte differieren Agenda Setting und Advocacy. Während Agenda Setting meist offen und im Sinne des Gemeinwohls agiert, kann Advocacy manchmal polarisiert und kontrovers wahrgenommen werden, da es oft klar definierte Interessen und Ziele verfolgt, die möglicherweise nicht alle gesellschaftlichen Gruppen gleichwertig berücksichtigen. Agenda Setting fördert daher eine langfristige Bewusstseinsbildung und gibt Raum für gesellschaftliche Konsensbildung, während Advocacy oft intensivere und kurzfristige Maßnahmen einsetzt, die auf schnelle politische Änderungen abzielen.

- *Agenda Setting und Public Affairs:* Agenda Setting und Public Affairs überschneiden sich in ihrem Bestreben, gesellschaftliche und politische Diskurse zu beeinflussen.[43] Public Affairs umfasst jedoch ein breiteres Spektrum von Aktivitäten, die direkt auf die Beziehung zwischen Unternehmen oder Organisationen und politischen Entscheidungsträgern abzielen. Während Agenda Setting darauf fokussiert ist, Themen im öffentlichen Diskurs zu etablieren und langfristig zu verankern, um ein *allgemeines Bewusstsein* zu schaffen, zielt Public Affairs auf die *gezielte Gestaltung* von Beziehungen zu Entscheidungsträgern und oft auf die Durchsetzung konkreter politischer Anliegen.

Im Unterschied zu Agenda Setting, das Medien und Öffentlichkeitsarbeit nutzt, um die Relevanz eines Themas zu unterstreichen, sind Public Affairs Aktivitäten häufig darauf ausgerichtet, durch informelle oder formelle Gespräche, Netzwerke und direkte Kommunikation mit politischen Akteuren Einfluss zu nehmen. Public Affairs ist daher

---

43   Vgl. dazu Rudolf Speth: Ziele und Notwendigkeit von Public Affairs aus Sicht von Interessengruppen. In: Ulrike Röttger, Patrick Donges und Ansgar Zerfaß (Hrsg.): Handbuch Public Affairs. Wiesbaden 2020, S. 109-121.

direkter und stärker auf spezifische, oft kurzfristige Interessen zugeschnitten.

Während Agenda Setting im Bereich der Gesundheitsbildung versuchen könnte, eine allgemeine Diskussion über die Wichtigkeit von präventiven Maßnahmen anzustoßen, würde Public Affairs in diesem Bereich direkte Gespräche mit Gesetzgebern führen, um beispielsweise finanzielle Unterstützung für präventive Programme zu erhalten oder spezifische politische Entscheidungen zu fördern.

- *Agenda Setting und Corporate Social Responsibility (CSR):* Agenda Setting und CSR sind beide langfristig ausgerichtet und streben eine positive Wirkung in der Gesellschaft an.[44] Der Fokus von CSR liegt jedoch darauf, dass ein Unternehmen verantwortungsbewusst agiert und positive soziale, ökologische und wirtschaftliche Beiträge leistet. Agenda Setting hingegen konzentriert sich primär darauf, Themen in den gesellschaftlichen Diskurs einzuführen und zu verankern, ohne dass zwingend eine direkte Verbindung zur Eigenwahrnehmung oder den Geschäftszielen der Organisation besteht.

  CSR verwendet Maßnahmen wie nachhaltige Unternehmenspraktiken, Umwelt- und Sozialprogramme, die oft direkt mit dem operativen Geschäft und den ethischen Leitlinien des Unternehmens verbunden sind. Agenda Setting setzt stärker auf Medien und Öffentlichkeitsarbeit, um

---

[44] Vgl. dazu Peter Köppl und Martin Neureiter (Hrsg.): Corporate Social Responsibility. Leitlinien und Konzepte im Management der gesellschaftlichen Verantwortung von Unternehmen. Wien 2004.

gesellschaftliches Bewusstsein für bestimmte Themen zu schaffen, ohne dass dies notwendigerweise aus den Unternehmenswerten oder -aktivitäten heraus resultiert.

Ein CSR-Programm könnte darauf abzielen, durch Bildungsinitiativen und Gesundheitskampagnen den Einfluss des Unternehmens auf die öffentliche Gesundheit zu verbessern. Agenda Setting würde hingegen das Thema Gesundheitskompetenz in den allgemeinen gesellschaftlichen Diskurs einbringen und als wichtigen Aspekt der allgemeinen Bildung zu positionieren.

- *Agenda Setting und Public Campaigning:* Agenda Setting und Public Campaigning unterscheiden sich maßgeblich durch ihre Zielsetzungen und Zeitrahmen.[45] Public Campaigning ist häufig auf spezifische politische Ereignisse, wie Wahlen oder Abstimmungen, ausgerichtet und strebt direkte Einflussnahme an, um spezifische politische Entscheidungen herbeizuführen. Agenda Setting zielt eher auf die Etablierung eines Themas im gesellschaftlichen Diskurs ab und verfolgt eine langfristigere Strategie.

  Agenda Setting nutzt Kommunikationskanäle und Medienarbeit, um ein langfristiges Bewusstsein zu fördern. Public Campaigning hingegen setzt auf stark zielgerichtete, zeitlich begrenzte Kampagnen und intensive Mobilisierung von Unterstützern, um kurzfristig politische Entscheidungen zu beeinflussen. Public Campaigning ist oft stark auf spezifische

---

[45] Vgl. dazu Ulrike Röttger: Public Campaigning als öffentliche Form der Public Affairs. In: Ulrike Röttger, Patrick Donges und Ansgar Zerfaß (Hrsg.): Handbuch Public Affairs. Wiesbaden 2020, S. 437-455.

Ergebnisse ausgerichtet, während Agenda Setting eher Themen in den öffentlichen Diskurs einbringt, ohne direkt politische Ergebnisse zu erwarten.

Während Agenda Setting das Bewusstsein für die Notwendigkeit von Gesundheitsbildung generell stärken würde, könnte Public Campaigning gezielt darauf abzielen, ein spezifisches Gesetz zur Gesundheitsbildung zu verabschieden, das im Wahlkampf thematisiert wird.

3.4   Relevanz für Gesundheitsfachschulen

Wir sollten unser Licht nicht unter den Scheffel stellen: Pflegeschulen und Gesundheitsfachschulen haben eine *einzigartige Position*, um sich als aktive Akteure im öffentlichen und politischen Diskurs zu etablieren. In Zeiten, in denen Pflegekräfte, Anästhesietechnische Assistenten (ATA), Diätassistenten, Ergotherapeuten, Hebammen, Logopäden, Medizinische Technologen der Fachrichtungen Funktionsdiagnostik (MTF), Laboratoriumsanalytik (MTL) und Radiologie (MTR), Orthoptisten, Operationstechnische Assistenten (OTA), Pharmazeutisch-technische Assistenten (PTA) sowie Physiotherapeuten dringend gebraucht und von ihnen zunehmend komplexe Fähigkeiten erwartet werden, können die jeweiligen Ausbildungsstätten und Ausbildungsbetriebe als eine Art *Influencer* agieren und ihre Expertise nutzen, um zentrale Themen – ihre zentralen Themen nämlich – in den Fokus zu rücken: Es ist ein strategisches Spiel, das gezielte Öffentlichkeitsarbeit und Kooperationen mit Medien und politischen Entscheidungsträgern erfordert – ein Spiel, das mit Eleganz und Raffinesse gespielt werden muss, nicht plump oder mit dem Holzhammer, um Wirkung zu entfalten.

3.5 Welche Themen können gesetzt werden?

Um im Gesundheitswesen zentrale Themen gezielt zu verankern, können Pflegeschulen und Schulen für Gesundheitsfachberufe durch strategisches Agenda Setting aktiv werden. Indem sie auf aktuelle Herausforderungen und Entwicklungen reagieren, tragen sie nicht nur zur fachlichen Weiterbildung bei, sondern positionieren sich auch als wichtige Akteure im gesellschaftlichen Diskurs.

Die folgenden Themen bieten z. B. gute Anknüpfungspunkte, um durch Öffentlichkeitsarbeit und Kampagnen die Aufmerksamkeit auf zukunftsweisende Themen und Kompetenzen zu lenken. Es sind nur Beispiele, es ist keine vollständige Übersicht.

1. *Digitalisierung in der Pflege:* Die digitale Transformation ist ein globales Phänomen, das Pflegeschulen direkt betrifft. Technologien wie elektronische Patientenakten und Pflege-Robotik erfordern neue Kompetenzen, die in die Ausbildung integriert werden müssen. Pflegeschulen könnten durch Medienkampagnen und Veranstaltungen die Dringlichkeit dieses Themas hervorheben.

2. *Fachkräftemangel und Nachwuchsförderung:* Angesichts des dramatischen Mangels an Pflegekräften ist es unerlässlich, die Pflegeausbildung attraktiv und innovativ zu gestalten. Schulen könnten eigene Initiativen starten und Kampagnen durchführen, um die Bedeutung dieses Themas zu kommunizieren und Lösungen wie neue Studiengänge oder praxisnahe Ausbildungsformate vorzustellen.

3. *Pflege-Robotik und Innovation:* Neue Technologien haben das Potenzial, die Pflege nicht nur zu entlasten, sondern auch zu transformieren. Durch die Einführung von Pflege-Robotik kann die Effizienz gesteigert und die Arbeitsbelastung der Pflegekräfte gesenkt werden. Pflegeschulen, die in Pilotprojekten mitwirken, könnten diese Technologien nicht nur testen, sondern auch deren Ergebnisse gezielt in die Öffentlichkeit tragen, um so die politische und gesellschaftliche Akzeptanz zu erhöhen. Schauen Sie einmal, welche Informationen das *Deutsche Zentrum für Luft- und Raumfahrt (DLR)* unter dem Stichwort *Pflege* zu aktuellen Entwicklungen bietet: beeindruckend.[46]

4. *Ernährung und Prävention in der Gesundheitsversorgung:* Diätassistenten spielen eine zunehmend wichtige Rolle bei der Prävention und Behandlung von chronischen Krankheiten wie Diabetes und Herz-Kreislauf-Erkrankungen. Schulen für Diätassistenz könnten durch Kampagnen zur Ernährungsbildung die Bedeutung von präventiver Ernährungsberatung für die Gesundheitsförderung in den Vordergrund rücken und die Notwendigkeit einer fundierten Ausbildung in diesem Bereich aufzeigen. Programme zur Integration von präventiver Ernährungsberatung in das Gesundheitssystem könnten gesellschaftlich und politisch vorangetrieben werden.

---

[46] Online im WWW: https://www.dlr.de/de/rm/@@search?SearchableText=Pflege&allow_local=true&group_select=0&local=true.

5. *Strahlenschutz und Sicherheit in der Radiologie:* Die zunehmende Nutzung bildgebender Verfahren erfordert spezialisierte Kenntnisse im Strahlenschutz und den Umgang mit modernen Technologien. Schulen für Radiologie sollten Strahlenschutz und patientenorientierte Kommunikation als zentrale Ausbildungsinhalte betonen und durch Aufklärung und Medienarbeit verdeutlichen, wie wichtig diese Kompetenzen für die Patientensicherheit und die Qualität der Versorgung sind.

6. *Pharmazeutische Versorgung und Gesundheitsberatung:* PTAs tragen maßgeblich zur medikamentösen Versorgung und Gesundheitsberatung bei. In der Ausbildung sollten aktuelle Themen wie Medikationsmanagement, Prävention und der sichere Umgang mit Arzneimitteln angesprochen werden. Kampagnen könnten das Bewusstsein dafür schärfen, wie PTAs eine wichtige Rolle im Bereich der Gesundheitsberatung spielen und die Sicherheit in der Medikamentenverwendung fördern.

7. *Augengesundheit und Prävention in der Orthoptik:* Orthoptisten tragen entscheidend zur Erkennung und Behandlung von Sehstörungen bei. Angesichts einer alternden Bevölkerung ist es wichtig, die Bedeutung von Prävention und regelmäßiger Augenkontrolle hervorzuheben. Durch Öffentlichkeitsarbeit und Aufklärungskampagnen könnten Schulen die Rolle der Orthoptik für eine langfristige Augengesundheit hervorheben und die interdisziplinäre Zusammenarbeit in der Prävention fördern.

8. *Interdisziplinäre Zusammenarbeit und Vernetzung:* Gesundheitsfachberufe profitieren zunehmend von interdisziplinären Ansätzen. Es sollte verdeutlicht werden, wie wichtig die Zusammenarbeit z. B. zwischen Pflege, Radiologie, Diätassistenz, PTAs und Orthoptik ist, um die Qualität der Patientenversorgung zu steigern. Bildungseinrichtungen könnten dieses Thema durch Netzwerkprojekte und interdisziplinäre Ausbildungsformate in den öffentlichen Fokus rücken und politische Unterstützung für solche Ansätze gewinnen.

9. *Gesundheitskompetenz und Patientenaufklärung:* Gesundheitsfachkräfte sind oftmals die ersten Ansprechpartner für Patienten. Die Vermittlung von Gesundheitskompetenz sollte als zentrale Aufgabe dieser Berufe betont werden. Schulen könnten durch gezielte Kampagnen zeigen, wie die Ausbildung in Patientenaufklärung und Beratung zur Verbesserung der Gesundheitskompetenz in der Bevölkerung beitragen kann.

10. *Nachhaltigkeit im Gesundheitswesen:* Nachhaltige Praktiken sind zunehmend gefragt, um den ökologischen Fußabdruck des Gesundheitswesens zu verringern. Gesundheitsfachschulen könnten Themen wie nachhaltige Ressourcenverwendung und umweltfreundliche Maßnahmen in die Ausbildung integrieren und in der Öffentlichkeit als notwendige Anpassung kommunizieren, die das Gesundheitswesen zukunftsfähig macht.

3.6 Vom Ort geprägt: Lokale Anliegen als Baustein der Gesundheitsausbildung

Glokalisierung – eine Kombination aus globalem Handeln und lokalem Fokus – soll nach der Covid 19-Pandemie das nächste große Ding sein.[47] Vor diesem Hintergrund mögen insbesondere lokalbezogene Themen eine hervorragende Gelegenheit bieten, die Relevanz der Gesundheitsfachberufe für die jeweilige Region hervorzuheben und regionale Anliegen direkt anzusprechen.

Hier sind weitere Themen, die – gezielt auf den lokalen Kontext abgestimmt – das Potenzial haben, Ihre Region zu bewegen:

11. *Gesundheitsversorgung in ländlichen Regionen:* Gerade in ländlichen Gebieten ist der Zugang zu Gesundheitsdiensten oft eingeschränkt. Schulen für Gesundheitsberufe könnten regionale Outreach-Programme entwickeln, die durch Telemedizin und mobile Gesundheitsdienste die Gesundheitsversorgung sicherstellen. Lokale Kampagnen könnten auf diese Engpässe aufmerksam machen und zeigen, wie Gesundheitsfachberufe zur Stabilisierung der ländlichen Versorgung beitragen.

12. *Prävention und Gesundheitsförderung in lokalen Gemeinschaften:* Regionale Gesundheitsbedürfnisse wie Präventionsprogramme für spezifische Volkskrankheiten oder Aufklärung über Ernährung und Bewegung können vor Ort gezielt adressiert werden. Programme, die in Kooperation mit lokalen Gesundheitsämtern, Schulen oder gemeinnützigen Organisationen stattfinden, sind nicht nur praxis-

---

[47] Online im WWW: https://www.zukunftsinstitut.de/zukunftsthemen/10-zukunftsthesen-fuer-die-post-corona-welt.

orientiert, sondern fördern auch die Bekanntheit der jeweiligen Berufe in der Region.

13. *Versorgung älterer Menschen in der Region:* Die demografische Struktur in bestimmten Regionen kann auf spezifische Bedürfnisse der älteren Bevölkerung ausgerichtete Pflege und medizinische Versorgung erfordern. Lokale Pflege- und Gesundheitsberufsschulen könnten Programme zur geriatrischen Pflege und Begleitung aufbauen und so zeigen, wie sie die Gesundheitsversorgung an die Bedürfnisse der lokalen Bevölkerung anpassen.

14. *Interkulturelle Gesundheitsförderung in Regionen mit hohem Migrationsanteil:* In Regionen mit einem hohen Anteil an Menschen mit Migrationshintergrund ist interkulturelle Kompetenz ein Schlüsselfaktor für eine erfolgreiche Gesundheitsversorgung. Schulen könnten in Zusammenarbeit mit lokalen Integrationsdiensten Schulungen und Informationsveranstaltungen anbieten, um das Bewusstsein für kulturelle Unterschiede zu schärfen und die Integration in die Gesundheitsversorgung zu fördern.

15. *Stärkung lokaler Versorgungsnetzwerke:* Die Ausbildung in Gesundheitsberufen könnte sich auf die Zusammenarbeit mit regionalen Krankenhäusern, Reha-Zentren, Apotheken und anderen Gesundheitsakteuren konzentrieren. Durch regionale Netzwerkbildung entsteht eine verstärkte Koordination, die den Übergang zwischen ambulanter und stationärer Pflege unterstützt und lokal verfügbares Fachwissen stärkt.

16. *Regionale Nachhaltigkeitsprojekte im Gesundheitswesen:* In Zusammenarbeit mit kommunalen Einrichtungen und Umweltorganisationen könnten Schulen nachhaltige Initiativen im Gesundheitswesen fördern. Themen wie die Reduzierung von Einwegmaterialien oder die Nutzung erneuerbarer Energien in lokalen Gesundheitseinrichtungen können hier auf den Plan gebracht werden, um das Gesundheitswesen auch ökologisch zukunftsfähig zu machen.

17. *Notfallversorgung und Erste-Hilfe-Ausbildung für die Bevölkerung:* Lokale Gesundheitsfachschulen könnten Programme anbieten, die die Notfallversorgung und Erste Hilfe in der Bevölkerung stärken, insbesondere in entlegenen oder stark frequentierten Gegenden. Durch Schulungen und Veranstaltungen werden Bürger befähigt, bei medizinischen Notfällen schnell und richtig zu reagieren.

18. *Förderung der Gesundheitskompetenz bei Jugendlichen:* Schulen für Gesundheitsberufe können lokale Initiativen zur Gesundheitsaufklärung von Jugendlichen etablieren, die Themen wie mentale Gesundheit, Drogenprävention oder gesunde Ernährung behandeln. In Zusammenarbeit mit Schulen und Jugendzentren kann so ein direkter Beitrag zur Gesundheit junger Menschen geleistet und das Interesse an Gesundheitsberufen geweckt werden.

19. *Gesundheitsversorgung für Obdachlose und sozial benachteiligte Gruppen:* In Zusammenarbeit mit lokalen Hilfsorganisationen können Gesundheitsfachschulen Programme entwickeln, die die gesundheitliche Versorgung und das Wohlbefinden von Menschen ohne festen Wohnsitz fördern. Auszubildende und dual Studierende lernen so, mit

spezifischen Herausforderungen benachteiligter Bevölkerungsgruppen umzugehen und gesellschaftliche Verantwortung zu übernehmen.

20. *Aufbau von Gesundheitsambulanzen an Berufsschulen und Universitäten:* Gesundheitsfachschulen könnten in Kooperation mit lokalen Schulen oder Hochschulen Gesundheitsambulanzen einrichten, die Studierenden und Schülern Zugang zu präventiven und medizinischen Angeboten bieten. Dies verbessert nicht nur die Gesundheitskompetenz junger Menschen, sondern sensibilisiert sie auch für die Bedeutung von Gesundheitsberufen.

21. *Förderung psychischer Gesundheit in der Region:* Angesichts der zunehmenden Herausforderungen im Bereich der mentalen Gesundheit können Gesundheitsfachschulen Programme zur psychischen Gesundheitsförderung entwickeln. In Zusammenarbeit mit Psychologen und sozialen Diensten könnten Workshops und Seminare für die Bevölkerung organisiert werden, um präventiv auf seelische Gesundheit hinzuarbeiten und das Stigma rund um psychische Erkrankungen abzubauen.

22. *Präventions- und Informationsprogramme für ältere Menschen zur Vermeidung von Stürzen:* Speziell auf ältere Menschen ausgerichtete Programme, die Sturzprävention und Mobilität fördern, könnten in Seniorenzentren oder kommunalen Einrichtungen angeboten werden. Diese Initiativen tragen dazu bei, die Selbstständigkeit älterer Menschen zu unterstützen und ihr Unfallrisiko zu reduzieren, während die Bedeutung der Gesundheitsberufe in der Gesellschaft sichtbarer wird.

23. *Förderung digitaler Gesundheitskompetenz:* In einer zunehmend digitalisierten Welt wird es immer wichtiger, dass auch die Bevölkerung grundlegende digitale Gesundheitskompetenzen erwirbt. Gesundheitsfachschulen könnten in Kooperation mit lokalen Bildungseinrichtungen Schulungen anbieten, die den sicheren Umgang mit digitalen Gesundheitsanwendungen wie e-Rezepten, Online-Terminvereinbarungen oder Telemedizin-Plattformen vermitteln.

24. *Begleitung und Schulung von pflegenden Angehörigen:* Viele Familien übernehmen die Pflege ihrer Angehörigen selbst. Gesundheitsfachschulen könnten spezielle Schulungen und Unterstützungsprogramme für pflegende Angehörige entwickeln, die sie über Pflegetechniken und Selbstfürsorge informieren und eine Vernetzung der pflegenden Angehörigen in der Region fördern.

25. *Förderung der Gesundheitskompetenz bei Menschen mit Behinderungen:* Menschen mit Behinderungen benötigen oft eine besonders auf ihre Bedürfnisse zugeschnittene Gesundheitsversorgung. Gesundheitsfachschulen könnten gemeinsam mit Behinderteneinrichtungen und Integrationsdiensten Schulungen und Angebote entwickeln, die den Zugang zu Informationen und Gesundheitsdiensten für Menschen mit Behinderungen erleichtern und ihre Gesundheitskompetenz fördern.

Durch die Fokussierung auf lokale Herausforderungen und Bedürfnisse lassen sich die Gesundheitsfachberufe noch stärker in die Gemeinschaft einbinden. Dies schafft nicht nur Sichtbarkeit, sondern ermöglicht den ausbildenden Schulen und Trägern der praktischen Ausbildung auch, spezifische Kompetenzen und ihre Bedeutung für die Region hervorzuheben, was die Attraktivität und das Ansehen der Berufe lokal erhöht und ggf. die Nachfrage steigert.

3.7 Erfolgsbeispiele für Agenda Setting *in Aktion*

Die Theorie des Agenda Settings bietet spannende Möglichkeiten, Einfluss auf öffentliche Meinungen und politische Entscheidungen zu nehmen. Wie sehen jedoch *praktische Anwendungen dieses Konzepts* aus? Anhand ausgewählter Beispiele wird deutlich, wie Agenda Setting dabei unterstützt, Aufmerksamkeit für zentrale Themen zu gewinnen und strategisch zu agieren.

Ein gelungenes Beispiel ist die Initiative zur mentalen Gesundheit von Pflegekräften.[48] Durch strategische Medienarbeit und Netzwerkarbeit gelang es der *WHO*, das Thema psychische Gesundheit in den Fokus der politischen Debatte zu rücken. Dies führte zu umfassenden Programmen zur Unterstützung der mentalen Gesundheit von Pflegekräften.

Ein vergleichbares Beispiel aus Deutschland ist die arbeitgebernahe Initiative *„Pflege in Not"*, die sich für die Verbesserung der Arbeitsbedingungen und die mentale Gesundheit von Pflegekräften einsetzt. Durch eine Kombination aus gezielter Öffentlichkeitsarbeit, Medienkampagnen und dem Aufbau eines breiten Unterstützungsnetzwerks hat die Initiative das Thema der psychischen Belastung von Pflegekräften in den öffentlichen und politischen Fokus gerückt. Diese Anstrengungen führten zur Einführung spezifischer Unterstützungsangebote und zu einer breiten Diskussion über notwendige Reformen, um die Arbeitsbelastung im

---

[48]   Online im WWW: https://www.who.int/europe/de/news/item/10-10-2024-on-world-mental-health-day--who-europe-calls-for-urgent-action-to-strengthen-the-mental-health-of-the-health-and-care-workforce.

Pflegebereich zu reduzieren und die Resilienz der Pflegekräfte zu stärken.[49]

Auch die Gewerkschaft *ver.di* hat mit der Kampagne *„Mehr von uns ist besser für alle"* auf den Personalnotstand und die psychischen Belastungen in der Pflege hingewiesen. Die Kampagne mobilisierte bundesweit Pflegekräfte und führte zu einer erhöhten öffentlichen Sensibilität und politischen Debatten über bessere Arbeitsbedingungen und strukturelle Veränderungen im Pflegebereich.[50]

3.8   Denkanstoß: Was fehlt?

Angesichts der dringlichen ökologischen Herausforderungen wird es für Kliniken und Gesundheitseinrichtungen in Deutschland unumgänglich, ihren ökologischen Fußabdruck strategisch und messbar zu reduzieren. Eine zentrale Rolle spielt dabei die Einführung einer umfassenden Nachhaltigkeitsberichterstattung, die Transparenz schafft und nachhaltige Maßnahmen dokumentiert. Die Europäische Union hat mit der neuen *Corporate Sustainability Reporting Directive (CSRD)* einen ambitionierten Rahmen geschaffen, der die Anforderungen an die Nachhaltigkeitsberichterstattung erheblich verschärft und vertieft.[51] Doch während Unternehmen in Deutschland bereits auf diese Veränderungen reagieren (vielleicht weil sie müssen), bleibt das Thema in Pflegeschulen und Schulen für Gesundheitsfachberufe bislang oft am Rand, ohne gezielte Einbindung in die Ausbildung.

---

[49]   Online im WWW: https://www.pflege-in-not.de/.

[50]   Online im WWW: https://gesundheit-soziales-bildung.verdi.de/themen/ entlastung/++co++3991a0d2-3be8-11e7-bd01-525400423e78.

[51]   Online im WWW: https://finance.ec.europa.eu/capital-markets-union-and-financial-markets/company-reporting-and-auditing/company-reporting/corporate-sustainability-reporting_en.

Um das Thema *Nachhaltigkeit im Gesundheitswesen* stärker ins Bewusstsein zu rücken, könnte es für Bildungsstätten im Gesundheitsbereich strategisch wertvoll sein, die *ökologische Dimension* von Gesundheitsfachberufen in die Ausbildung zu integrieren und die eigene Position als Akteur in der Nachhaltigkeitsdebatte auszubauen. Über eine gezielte Öffentlichkeitsarbeit und Partnerschaften mit renommierten Umweltorganisationen – wie der *Deutschen Umwelthilfe (DUH)* oder dem *Umweltbundesamt (UBA)* – ließe sich das Thema nicht nur präsenter, sondern auch spezifischer gestalten.[52]

Solche Kooperationen könnten Plattformen für Wissenstransfer bieten und Praxiselemente in den Lehrplänen schaffen, die den Umgang mit nachhaltigen Materialien, Ressourcenmanagement und umweltbewusstes Handeln trainieren.

Eine aktive Rolle der Gesundheitsbildungseinrichtungen könnte über *strategische Partnerschaften* hinaus auch Einfluss auf die öffentliche Wahrnehmung und politische Entscheidungsprozesse nehmen. Die Veröffentlichung gezielter Studien und Erfolgsberichte, die beispielsweise Einsparpotenziale durch nachhaltige Maßnahmen im Klinikalltag dokumentieren, könnte als Argumentationsgrundlage in der politischen Diskussion dienen.[53] Pressearbeit und gezielte Kampagnen könnten wichtige Multiplikatoren

---

[52]   Online im WWW: https://www.duh.de/ und https://www.umweltbundesamt.de/.

[53]   Ziel der *Cycle.On.-Initiative* von *ETHICON* und *Resourcify* ist es, das Abfallaufkommen in Kliniken zu reduzieren. Es handelt sich um ein Recyclingprogramm für eine Vielzahl von deren OP-Einweginstrumenten sowie aluminiumbasierten Sterilverpackungen des Nahtmaterials, d.h. diese Produkte bzw. Materialien werden nach Verwendung gesammelt, recycelt und dann wieder in den lokalen Wertstoffkreislauf zurückgeführt. Vielleicht könnte eine solche Initiative mit einer OTA-Schule durchgeführt werden? Online im WWW: https://www.jnjmedtech.com/de-DE/service-details/cycleon.

im Gesundheitswesen mobilisieren und das Thema systematisch in der Agenda deutscher Gesundheitspolitik verankern.

Ein weiteres Potenzial läge in der *Verknüpfung der Nachhaltigkeitsthemen mit den zukünftigen Anforderungen* an Pflegekräfte und Absolventen der Gesundheitsberufe. Die Ausbildung von Resilienz und verantwortlichem Umgang mit Ressourcen sind nicht nur wesentliche Elemente von Nachhaltigkeit, sondern auch entscheidende Zukunftskompetenzen, die im deutschen Gesundheitswesen langfristig gefragt sein werden. Gesundheitsfachkräfte, die über fundierte Kenntnisse im Bereich Nachhaltigkeit und Ressourcenschonung verfügen, können als Botschafter für ein umweltfreundliches Gesundheitswesen fungieren und im Praxisalltag aktiv zur Umsetzung nachhaltiger Strategien beitragen.

Die strategische Einbindung des Themas *Nachhaltigkeit im Gesundheitswesen* würde den Gesundheitsfachberufen ermöglichen, ihre Rolle als Gestalter einer verantwortlichen und zukunftsfähigen Gesundheitsversorgung zu stärken. Indem Pflegeschulen und Gesundheitsfachschulen das Thema über die regionale auf die Landes- und sodann auf die nationale Agenda heben, könnten sie nicht nur die Aufmerksamkeit auf ökologische Aspekte des Gesundheitssektors lenken, sondern auch als Vorreiter einer resilienten Zukunft fungieren. Ein solcher Ansatz würde nicht nur das Gesundheitswesen modernisieren, sondern auch eine breite gesellschaftliche Sensibilisierung für die ökologische Verantwortung in allen Bereichen der Daseinsvorsorge schaffen.

3.9 Praxistipp: So wird Agenda Setting erfolgreich

Um als Pflegeschule oder Gesundheitsfachschule Einfluss auf die öffentliche und politische Agenda zu nehmen, sind strategische Schritte entscheidend:

1. *Identifikation relevanter Themen:* Zunächst müssen Themen gefunden werden, die nicht nur für die Organisation selbst, sondern auch für die Gesellschaft von Relevanz sind. Eine Analyse aktueller politischer und gesellschaftlicher Debatten kann hier hilfreich sein. Für die Analyse relevanter Themen und Trends in der deutschen Öffentlichkeit gibt es mehrere Tools und Plattformen, die nützlich sein können:

   - *Google Trends:* Mit *Google Trends* lassen sich Suchanfragen in Echtzeit analysieren. Es zeigt, welche Themen in Deutschland gerade besonders viel Aufmerksamkeit erhalten und wie sich diese Trends im Laufe der Zeit entwickeln.[54]

   - *Brandwatch:* Diese Plattform bietet Social Media Monitoring und Analyse-Tools, die Trends und Stimmungen in sozialen Netzwerken wie *Twitter und Facebook* überwachen. Brandwatch ist hilfreich, um zu verstehen, welche Themen in der Öffentlichkeit besonders diskutiert werden.[55]

---

[54] Online im WWW: https://trends.google.de/trends/. Ein weiteres nützliches Tool für den internationalen Markt ist das Media Cloud Project, das Medientrends analysiert und aufzeigt, welche Themen aktuell im Gespräch sind. Online im WWW: https://www.mediacloud.org/.

[55] Online im WWW: https://www.brandwatch.com/de/.

- *Forschungsgruppe Wahlen:* Diese Gruppe analysiert politische und gesellschaftliche Stimmungen in Deutschland durch regelmäßige Umfragen und Berichte. Die Daten und Analysen bieten Einblicke in aktuelle Debatten und Themen, die die deutsche Öffentlichkeit beschäftigen.[56]

- *ARD-DeutschlandTREND:* Diese regelmäßige Umfrage, die in Zusammenarbeit mit *Infratest dimap* durchgeführt wird, bietet tiefgehende Analysen zur öffentlichen Meinung und zu politischen Trends in Deutschland. Sie ist eine wertvolle Quelle, um zu sehen, welche Themen aktuell von Bedeutung sind.[57]

- *Instapaper:* Diese Plattform bietet Zugang zu umfassenden Analysen und Trends basierend auf den Nachrichteninhalten der *dpa*. Sie ermöglicht es, aktuelle Themen zu verfolgen und tiefere Einblicke in die Berichterstattung der Medienlandschaft zu erhalten.[58]

Diese Tools schaffen ein fundiertes Verständnis dafür, welche Themen in Deutschland derzeit relevant sind und welche davon für die öffentliche Agenda der Pflegebildung nutzbar sein könnten.

---

[56] Online im WWW: https://www.forschungsgruppe.de/Startseite/.

[57] Online im WWW: https://www.infratest-dimap.de/umfragen-analysen/bundesweit/ard-deutschlandtrend/.

[58] Online im WWW: https://www.instapaper.com/.

2. *Medienarbeit und Pressemitteilungen:* Um Themen umfassend zu streuen und strategisch zu positionieren, ist eine aktive und abgestimmte Medienarbeit unerlässlich

Die Zusammenarbeit mit der hauseigenen Presseabteilung ist hierbei ein zentraler Faktor, denn eine erfolgreiche Agenda Setting-Strategie kann nur dann greifen, wenn alle Akteure auf ein gemeinsames Ziel hinarbeiten.

Ihre Presseabteilung verfügt nicht nur über wertvolle Kontakte zu Medienvertretern und ein Gespür für wirksame Kommunikation, sondern auch über Erfahrung in der strategischen Planung. Durch eine enge Abstimmung lässt sich sicherstellen, dass die Kernbotschaften präzise und einheitlich transportiert werden.

Ein abgestimmtes Vorgehen vermeidet zudem das Risiko unkoordinierter Alleingänge, die den strategischen Plan verwässern oder sogar kontraproduktiv wirken könnten. Gemeinsam mit der Presseabteilung können langfristige Kommunikationsziele festgelegt werden, die sich auf eine klare Agenda stützen und die Anliegen der Gesundheitsbildung kontinuierlich in den öffentlichen Diskurs einbringen.

Für eine solche Strategie ist es hilfreich, regelmäßig Meetings und Planungsrunden abzuhalten, um die aktuellen Themen zu bewerten, geeignete Formate wie Pressemitteilungen, Interviews oder Artikel in Fachzeitschriften festzulegen und eine klare Botschaft zu entwickeln. Die Presseabteilung kann zudem ein Auge auf die Resonanz der Kommunikation werfen und durch gezieltes Monitoring Rückmeldungen auswerten, um die Strategie bei Bedarf anzupassen und weiterzuentwickeln.

Ein solches abgestimmtes und professionelles Vorgehen stärkt nicht nur die Sichtbarkeit und die Glaubwürdigkeit der Pflege- und Gesundheitsbildung, sondern stellt sicher, dass Ihre Einrichtung in der Öffentlichkeit als *koordinierter und strategischer Akteur* wahrgenommen wird, der seine Themen kompetent und mit *langfristigem Engagement* platziert...[59]

3. *Netzwerkaufbau mit Entscheidungsträgern:* Aufbau und Pflege von Netzwerken mit politischen Akteuren und Organisationen sind unerlässlich, um langfristig Einfluss auszuüben und wichtige Themen der Gesundheitsbildung nachhaltig zu platzieren.[60] Schulen sollten sich aktiv in relevanten Gremien, Berufs- und Fachverbänden engagieren, um gezielt ihre Anliegen einzubringen und ihre Stimme in der fachlichen und politischen Diskussion zu stärken.

Ein strategischer Netzwerkaufbau ermöglicht es, frühzeitig über relevante Entwicklungen und Entscheidungsträger informiert zu sein und das eigene Fachwissen einfließen zu lassen. Durch regelmäßige Teilnahme an Sitzungen und Konferenzen sowie die Mitgestaltung von Arbeitsgruppen

---

[59] Die Bundeszentrale für politische Bildung (bpb) bietet detaillierte Informationen für strategische Medienarbeit und gibt Tipps, wie man effektiv mit der Presse arbeitet. Online im WWW: https://www.bpb.de/shop/zeitschriften/izpb/medienkompetenz-355/539926/medienkompetenz-und-medienbildung/.

[60] Empfehlungen zur Netzwerkbildung und effektive Strategien sind beim Netzwerk Bildungspolitik e.V. zu finden. Online im WWW: https://www.netzwerk-politische-bildung.de/. Darüber hinaus Alexander Wolf: Dictyonomie. Die Networking-Bibel. Berlin 2012; Andreas Lutz: Praxisbuch Networking. Von Adressmanagement bis XING.com. Wien 2009; Monika Scheddin: Erfolgsstrategie Networking, Business-Kontakte knüpfen, organisieren und pflegen. München 2009.

wird die Schule zu einem geschätzten Partner und bleibt mit den relevanten Akteuren im kontinuierlichen Austausch.

Dabei gilt es, langfristige Beziehungen aufzubauen, die auf Vertrauen und fachlicher Kompetenz beruhen. Ein starkes Netzwerk erleichtert nicht nur den Zugang zu politischen Entscheidungsträgern und Meinungsführern, sondern auch die Bildung von Allianzen mit anderen Schulen, Verbänden und Institutionen, die gemeinsame Anliegen vertreten. Ein abgestimmtes Vorgehen innerhalb dieser Netzwerke ermöglicht es, Anliegen der Gesundheitsbildung mit vereinten Kräften in der Politik und Öffentlichkeit zu verankern.

Durch die strategische Netzwerkpflege können Gesundheitsfachschulen ihre Position als zentraler Akteur in der Pflege- und Gesundheitsbildung festigen und sicherstellen, dass ihre Themen und Perspektiven langfristig und effektiv im politischen Diskurs berücksichtigt werden.

3.10 Schlussfolgerung: Agenda Setting als Katalysator für nachhaltige Gesundheitsbildung

Agenda Setting ist, wie die Praxisbeispiele zeigen, weit mehr als ein theoretisches Konzept der Medienwissenschaft. Es bietet Pflegeschulen und Schulen für Gesundheitsfachberufe die Chance, sich als aktive und gestaltende Kräfte im politischen und gesellschaftlichen Diskurs zu etablieren und zentrale Zukunftsthemen maßgeblich mitzugestalten. Im Kern geht es darum, strategisch relevante Themen zu identifizieren und gezielt in die öffentliche Debatte einzubringen, um die Aufmerksamkeit der Politik und Gesellschaft auf die Anliegen des Gesundheitswesens zu lenken.

Durch eine gezielte Kombination aus medialer Präsenz, politischer Vernetzung und strukturierter Planung wird nicht nur die Position der einzelnen Bildungseinrichtung gestärkt, sondern die Gesundheitsbildung insgesamt nachhaltig gefördert. Die damit einhergehende Verantwortung reicht weit über das eigene Handlungsfeld hinaus: Sie trägt zur Entwicklung eines gesellschaftlichen Bewusstseins für die Relevanz der Pflege- und Gesundheitsberufe bei und kann nachhaltig Einfluss auf politische Entscheidungen und notwendige strukturelle Reformen nehmen.

4   *Gemeinsam wirken:* Die strategische Verbindung von Community Outreach und Agenda Setting

Strategie ist nichts anderes als die Kunst, die Lücken zwischen Vision und Realität zu schließen. Genau diese Kunst verlangt das feine Zusammenspiel von Community Outreach und Agenda Setting. Pflegeschulen und Schulen für Gesundheitsfachberufe, die beide Ansätze miteinander verknüpfen, schaffen nicht nur unmittelbare Berührungspunkte in der Gemeinschaft, sondern tragen zur Entwicklung von Themen bei, die allmählich Eingang in den öffentlichen und politischen Diskurs finden.

Dieser Ansatz muss nicht zwingend *direkt* Einfluss nehmen, sondern kann *subtile Anstöße* geben, die durch beständige Präsenz und Relevanz zunehmend Raum in der Wahrnehmung finden.

Mit klug durchdachten Outreach-Initiativen und gezielten Agenda Setting-Aktivitäten kann es Bildungseinrichtungen und Trägern der praktischen Ausbildung gelingen, eine solide Grundlage zu schaffen, auf der Themen wie Prävention, Gesundheitskompetenz und interdisziplinäre Versorgung allmählich an Gewicht gewinnen.

Das Potenzial liegt nicht allein in kurzfristigen Maßnahmen, sondern geradezu in der schrittweisen Etablierung von Inhalten, die sich in das gesellschaftliche Bewusstsein einfügen und langfristig zu einem Wandel der Wertschätzung und Anerkennung der Gesundheitsberufe führen können.

4.1 Kräfte bündeln für Veränderung: Die Synergie von Outreach und Agenda Setting

Community Outreach und Agenda Setting sind nicht zwei getrennte Welten, sondern vielmehr zwei Seiten derselben Medaille. *Outreach* eröffnet die Möglichkeit, die Gemeinschaft zu verstehen und ihre Bedürfnisse aus nächster Nähe zu erfassen. Dieses direkte Eintauchen in die Lebensrealitäten vor Ort fördert authentische Erkenntnisse und sensibilisiert für die Herausforderungen, die oft jenseits der Wahrnehmung politischer Entscheidungsträger liegen. Hier beginnt die Kraft des *Agenda Settings*: Indem diese Erkenntnisse gezielt in die öffentliche und politische Debatte eingespeist werden, entsteht ein Hebel, der einzelne Projekte von lokalen Initiativen zu Katalysatoren für strukturelle Veränderungen macht.

Ein besonderer Reiz dieses *Zusammenspiels* liegt darin, dass die konkreten Erfahrungen aus der Praxis den oft abstrakten, schwer greifbaren politischen Diskurs erden. Outreach liefert die Geschichten, Gesichter und Stimmen, die Agenda Setting in überzeugende Argumente umwandelt. Dadurch entsteht ein Kreislauf, in dem die Praxis Impulse für die Theorie gibt und umgekehrt – ein System, das Bildungseinrichtungen im Gesundheitsbereich als lebendige Akteure etabliert, die nicht nur auf gesellschaftliche Entwicklungen reagieren, sondern sie aktiv prägen.

Die Verbindung dieser beiden Ansätze kann langfristig sogar eine neue Rolle für Pflegeschulen und Gesundheitsfachschulen schaffen. Sie werden nicht nur als Ausbildungsstätten wahrgenommen, sondern als Instanzen des gesellschaftlichen Fortschritts, die Veränderungen im Gesundheitswesen inspirieren und vorantreiben. Diese strategische Verknüpfung macht es möglich, über die alltägliche Praxis hinaus einen Beitrag zur politischen Meinungsbildung und zur öffentlichen Sensibilisierung zu leisten. So wird aus einer Schule *nicht nur ein Lernort, sondern ein Denk- und Aktionszentrum* für ein besseres Gesundheitssystem.

4.2 Langfristige Effekte entfalten

Die Verknüpfung von Outreach und Agenda Setting entfaltet ihre volle Wirkung über die Zeit und reicht weit über punktuelle Projekte hinaus. Durch kontinuierlichen Kontakt mit der Gemeinschaft und fortlaufende Rückmeldungen aus der Bevölkerung entstehen langfristig tief fundierte Einblicke und ein sensibles Gespür für Entwicklungen und Herausforderungen im Gesundheitswesen. Diese strategische Verbindung ermöglicht es Bildungseinrichtungen, über kurzfristige Aktionen hinaus nachhaltige Beziehungen zu etablieren, Beziehungen, die das Verständnis und Vertrauen der Öffentlichkeit für Gesundheitsfachberufe stetig vertiefen.

Schulen, die sich auf dieses Zusammenspiel einlassen, schaffen mehr als nur ein Netzwerk: Sie fördern die Entstehung einer Kultur, in der Gesundheitsberufe als unersetzliche Säulen einer *fürsorglichen Gesellschaft* anerkannt werden. Durch diese Sichtweise wird die Ausbildung nicht nur als eine *rein fachliche Qualifikation*, sondern als *Träger einer sozialen Mission* verstanden – eine Mission, die ethische Werte, Verantwortung und gesellschaftliches Engagement fördert und verankert.

Diese langfristige Strategie bildet eine Brücke zwischen Vision und Realität, zwischen den Idealen einer besseren Gesundheitsversorgung und deren praktischer Umsetzung. Sie verwandelt Gesundheitsbildung von der reinen Vermittlung fachlicher Kompetenzen in einen kraftvollen Motor des gesellschaftlichen Wandels. Im Zusammenspiel von Outreach und Agenda Setting entsteht so ein dynamischer Kreislauf, in dem das Lernen und die praktische

Umsetzung aufeinander aufbauen und sich wechselseitig befruchten. Die Zukunft der Gesundheitsfachberufe ist dadurch nicht mehr nur eine Frage der Ausbildung – sie wird zum Impulsgeber einer neuen gesellschaftlichen Wertschätzung, die zu besseren Rahmenbedingungen und einem nachhaltigen Wandel im Gesundheitssystem beiträgt.

4.3   Erfolgsbeispiel für Synergie

Ein schönes Beispiel für interkulturelle Gesundheitsprogramme in Deutschland ist das *MiMi-Projekt (Mit Migranten für Migranten)*, das in Bayern und bundesweit in verschiedenen Regionen durchgeführt wird.[61] Dieses Programm, gefördert durch das *Bayerische Staatsministerium für Gesundheit, Pflege und Prävention* sowie das *Ethno-Medizinische Zentrum e.V.*, verfolgt das Ziel, Gesundheitskompetenzen in Migrantengemeinschaften nachhaltig zu stärken.

MiMi nutzt einen innovativen Ansatz, bei dem Migrantinnen und Migranten selbst als Gesundheitsmediatoren ausgebildet werden. In intensiven Schulungen erwerben sie fundiertes Wissen über das deutsche Gesundheitssystem, Präventionsangebote und Gesundheitskompetenzen. Diese „MiMi-Gesundheitsmediatoren" geben ihre Kenntnisse dann in ihrer eigenen Sprache und in einem kultursensiblen Rahmen an ihre jeweiligen Gemeinschaften weiter. Damit entsteht ein wertvoller Vertrauenskanal, der es erlaubt, wichtige Informationen zu Gesundheitsprävention und -versorgung zielgerichtet und niedrigschwellig zu vermitteln.

---

[61]   Online im WWW: https://mimi.bayern/.

Neben Schulungen und mehrsprachigen Informationskampagnen entwickelt das Projekt gezielte Maßnahmen, um die strukturellen Barrieren abzubauen, die Migranten oftmals davon abhalten, auf Gesundheitsdienste zuzugreifen. Durch Informationsmaterialien in verschiedenen Sprachen, Workshops und Vorträge in Gemeinden, Moscheen oder interkulturellen Vereinen wird das Gesundheitswissen in die Breite getragen und das Bewusstsein für eine eigenverantwortliche Gesundheitsvorsorge gestärkt. Gleichzeitig sensibilisiert das MiMi-Projekt das Gesundheitspersonal für die besonderen Bedarfe und kulturellen Hintergründe von Migranten und fördert so eine respektvolle und verständnisvolle Gesundheitsversorgung.

Dieses Programm zeigt, wie ich finde, eindrucksvoll, wie interkulturelle Gesundheitsprogramme in Deutschland als Brücke zwischen Migrantengemeinschaften und dem Gesundheitssystem wirken können. Das Beispiel verdeutlicht auch, dass Community Outreach hier nicht nur zu einem verbesserten Zugang zur Gesundheitsversorgung führt, sondern auch das Gesundheitssystem auf lange Sicht resilienter macht, indem es die Bedürfnisse einer vielfältigen Gesellschaft integriert und auf deren Realitäten eingeht. MiMi ist damit nicht nur ein Modellprojekt, sondern ein wegweisendes Beispiel dafür, wie Outreach und Agenda Setting langfristig wirken können, indem sie die Gesundheitskompetenz fördern, Barrieren abbauen und eine Kultur des gegenseitigen Lernens und der Akzeptanz schaffen.

4.4   Denkanstoß: Was fehlt?

Die digitale Transformation des Gesundheitswesens bleibt in ländlichen Regionen oftmals hinter ihrem Potenzial zurück – eine Lücke, die Pflegeschulen durch strategische Telemedizin-Projekte innovativ füllen könnten. Diese Pilotvorhaben, bei denen Auszubildende und dual Studierende moderne Telemedizin-Technologien einsetzen, um Patienten in entlegenen Gebieten zu betreuen, könnten nicht nur als praxisnahe Lernerfahrungen fungieren, sondern auch direkt und greifbar dem Gemeinwohl dienen.

Wenn solche Projekte durch klug orchestrierte Medienkampagnen und gezielte Öffentlichkeitsarbeit auf breite Resonanz stoßen, ließe sich die Bedeutung der Telemedizin nachhaltig in den öffentlichen Diskurs integrieren und zu einem vieldiskutierten, politisch wie gesellschaftlich relevanten Thema machen. Interessant wäre hierbei eine strategische Ansprache junger Männer, denen oft – Klischee hin oder her – eine Technikaffinität zugeschrieben wird. Ein solches Telemedizin-Projekt könnte als Innovationsfeld innerhalb der Gesundheitsfachberufe profilierend wirken und so Zielgruppen ansprechen, die bisher in diesen Berufen unterrepräsentiert sind.

Telemedizin als integriertes Pilotprojekt zu etablieren würde somit nicht nur Community Outreach und Agenda Setting auf subtile Weise verknüpfen, sondern auch das Image der Gesundheits-ausbildung im Kontext technologischen Fortschritts und gesell-schaftlicher Relevanz schärfen. Indem Pflegeschulen hier die Pers-pektive eines ganzheitlich vernetzten Gesundheitswesens für die Zukunft erproben und vermitteln, könnten sie sich selbst als Schlüsselakteure im strukturellen und technologischen Wandel des Sektors positionieren.

Zusätzlich zur Telemedizin eröffnen sich weitere bedeutsame Innovationsfelder, die Pflegeschulen und Gesundheitsfachberufe gezielt erschließen könnten, um sowohl Community Outreach als auch Agenda Setting zu stärken. Der Einsatz moderner Laboranalytik zur Gesundheitsvorsorge in strukturschwachen Gebieten sowie ergotherapeutische Pilotprojekte, die auf Prävention und Gesundheitserziehung in lokalen Gemeinschaften abzielen, könnten vielleicht vielversprechende Projekte sein, die einen tiefgreifenden gesellschaftlichen Beitrag leisten könnten:

- *Laboranalytik zur Präventivdiagnostik in strukturschwachen Regionen:* Laboranalytik hat im modernen Gesundheitswesen eine Schlüsselfunktion, insbesondere in der Früherkennung chronischer Erkrankungen wie Diabetes, Herz-Kreislauf-Erkrankungen und Infektionskrankheiten. In ländlichen und strukturschwachen Regionen bleiben diese Diagnosestandards jedoch oft unerreichbar. Eine Initiative, die speziell für Gesundheitsfachschulen entwickelt wird, könnte den Einsatz mobiler Labore in abgelegenen Regionen vorsehen, die von MTL-Auszubildenden betreut werden. In diesen mobilen Einheiten könnten grundlegende präventive Diagnosen vor Ort durchgeführt und zugleich eine Aufklärung zur Gesundheitsvorsorge vermittelt werden.

Diese Art von Community Outreach geht über die kurzfristige gesundheitliche Unterstützung hinaus und stärkt das Bewusstsein für präventive Maßnahmen in der Bevölkerung. Zudem bietet sich eine wertvolle Synergie für Agenda Setting: Durch gezielte Berichterstattung über die mobilen Laborprojekte könnte die Notwendigkeit flächendeckender Präventivdiagnostik und der Einsatz von

Labortechnologie als Frühwarnsystem im öffentlichen Diskurs platziert werden. Gerade in Zeiten zunehmender Belastungen des Gesundheitssystems könnte dies ein starker Impuls für politische Maßnahmen in Richtung einer präventiv ausgerichteten Versorgung in ländlichen Räumen sein.

- *Ergotherapie als Gesundheitsförderung und Prävention im Gemeinwesen:* Die Ergotherapie hat sich traditionell als Rehabilitationsmaßnahme etabliert, bietet jedoch im Bereich der Prävention und Gesundheitserziehung weitaus größere Potenziale, insbesondere für bestimmte Bevölkerungsgruppen wie Kinder, ältere Menschen und Menschen mit Behinderungen. Pflegeschulen könnten hier Pilotprojekte entwickeln, bei denen Auszubildende der Ergotherapie in Kooperation mit lokalen Schulen, Seniorenheimen oder Gemeindezentren präventive Programme umsetzen, die sich gezielt an den individuellen Bedürfnissen der Bevölkerung ausrichten. Beispiele wären Bewegungsförderung für ältere Erwachsene zur Sturzprävention, spielerische Ergotherapie-Programme für Kinder, um die motorische Entwicklung zu fördern, oder kreative Workshops für Menschen mit eingeschränkter Mobilität.

Diese Projekte könnten nicht nur einen messbaren Beitrag zur Gesundheitsförderung in der Gemeinschaft leisten, sondern auch das Bewusstsein für die präventive Rolle der Ergotherapie in der Gesellschaft schärfen. Über eine gezielte Öffentlichkeitsarbeit und den Dialog mit Entscheidungsträgern könnten die Erkenntnisse und Erfolge solcher Programme als Vorbild für die Einführung präventiver Gesundheitsmaßnahmen in weiteren Regionen dienen. Zudem bieten sie eine Plattform, auf der Schulen für Ergotherapie eine progressive Rolle einnehmen und die Möglichkeiten der Ergotherapie als Teil eines präventiven Gesundheitssystems sichtbar machen.

Durch diese exemplarischen *nicht-vorhandenen Projekte* in Telemedizin, Laboranalytik und Ergotherapie könnten Gesundheitsfachschulen in der Praxis die Verbindung zwischen Community Outreach und Agenda Setting auf besondere Weise nutzen.

Während die Gemeinschaft durch einen unmittelbaren Nutzen profitiert, könnte im öffentlichen und politischen Diskurs ein langfristiges Umdenken in der Gesundheitsförderung angestoßen werden. Diese Innovationsprojekte verankern die Gesundheitsausbildung als dynamischen Impulsgeber, der nicht nur Wissen vermittelt, sondern gesellschaftlichen Wandel im Gesundheitswesen aktiv befördert.

4.5 Methoden und Strategien der Integration: Schritt für Schritt zum Erfolg

Die Verbindung von Community Outreach und Agenda Setting bietet also Synergie. Doch wie lässt sich diese theoretische Stärke praktisch umsetzen? In diesem Abschnitt führe ich Schritt für Schritt durch die Methoden, die eine erfolgreiche Verknüpfung dieser beiden Ansätze ermöglichen und die Gesundheitsbildung nachhaltig prägen können.

Um Community Outreach und Agenda Setting erfolgreich zu kombinieren, ist eine *durchdachte Strategie* essenziell. Sie sollte sowohl *strukturierte Planung* als auch *klare Kommunikation* vereinen.

Die folgenden Schritte bieten Pflegeschulen und Schulen für Gesundheitsfachberufe eine fundierte Anleitung, um beides effektiv zu integrieren und nachhaltig zu verankern:

1. *Projektplanung und Evaluation:* Outreach-Projekte müssen so konzipiert werden, dass sie *kurzfristige Erfolge* – etwa die Förderung praktischer Fähigkeiten der Auszubildenden und dual Studierenden – ebenso wie *langfristige Ziele*, wie die strategische Platzierung von Themen im politischen Diskurs, ermöglichen. Evaluationsmethoden dienen hierbei als essenzielles Instrument zur Überprüfung der Wirksamkeit und Reichweite der Projekte und schaffen die Basis, um zukünftige Initiativen noch gezielter auszurichten.

   - *Planungsphase*: Nutzen Sie Tools wie *OpenProject*, das in deutscher Sprache und als Open-Source-Lösung zahlreiche Projektmanagement-Funktionen bereitstellt, darunter Gantt-Diagramme, Zeiterfassung und Meilensteinverfolgung.[62] Das *Project Management Institute (PMI)* bietet zudem ein bewährtes Framework für Planung und Evaluation, insbesondere den *PMBOK® Guide*, der als Referenz für systematische und methodische Projektplanung dient.[63]

---

[62]   Online im WWW: https://www.openproject.org/de/.
[63]   Online im WWW: https://www.pmi.org/.

- *Evaluationsphase*: Ein methodischer Evaluationsansatz – etwa basierend auf dem *Logic Model* oder einem *LogFrame* – hilft, Ziele, Maßnahmen und Resultate strukturiert zu erfassen und zu analysieren.[64] Diese Modelle fördern eine gezielte Zielerreichung und schaffen Transparenz für die Wirksamkeit der Maßnahmen. Kostenfreie Tools wie *Google Forms* oder *SurveyMonkey* erleichtern die Datenerfassung und Umfragen zur Wirkungsmessung, während Excel-basierte Vorlagen für detaillierte Berichtsanalysen geeignet sind.

2. *Kooperationen und Netzwerke:* Der Aufbau und die Pflege starker Partnerschaften sind unerlässlich, um Themen in der Gesellschaft zu verankern und nachhaltige Initiativen umzusetzen. Solche Allianzen bieten nicht nur Zugang zu Ressourcen und Expertise, sondern auch zu Plattformen für Öffentlichkeitsarbeit und politische Einflussnahme.

- *Strategische Allianzen aufbauen:* Schulen sollten sich mit *lokalen Organisationen, NGOs und Gesundheitsämtern* vernetzen, um gemeinsam Community Outreach zu betreiben. Eine Kooperation mit Partnern wie den *regionalen Gesundheitsämtern, lokalen Integrationszentren oder Umweltorganisationen* (wie der *Deutschen Umwelthilfe*) ermöglicht den Zugang zu spezifischen Zielgruppen und vertieft die Community-Anbindung.

---

[64] Online im WWW: https://www.projektmagazin.de/methoden/logicalframe work-matrix-logframe.

- *Politische Netzwerke stärken:* Der kontinuierliche Dialog *mit politischen Entscheidungsträgern und den jeweiligen Berufsverbänden* unterstützt die nachhaltige Verankerung gesundheitspolitischer Themen. Die Einbindung von Trägern der praktischen Ausbildung sowie die Teilnahme an Gremien und Fachverbänden sichern eine starke Präsenz der Themen und schaffen die Grundlage für eine breite politische Unterstützung.

3. *Entwicklung einer klaren Kommunikationsstrategie:* Eine konsistente und zielgerichtete Kommunikation ist entscheidend, um Outreach-Themen öffentlichkeitswirksam zu transportieren und das öffentliche Interesse sowie die politische Aufmerksamkeit aufrechtzuerhalten. Dafür bedarf es einer durchdachten Strategie, die verschiedene Kommunikationskanäle und -formate miteinander verknüpft.

   - *Content-Planung:* Legen Sie zentrale Botschaften und Kommunikationsziele fest, die Ihre Themen deutlich und authentisch vermitteln. Der Einsatz eines Redaktionsplans (z. B. mit *Trello* oder *MeisterTask*) strukturiert die Veröffentlichung und stellt sicher, dass Themen langfristig im Diskurs bleiben.

   - *Pressearbeit und Medienkampagnen:* Das Verfassen professioneller Pressemitteilungen und die Zusammenarbeit mit der Presseabteilung Ihrer Einrichtung sorgen dafür, dass zentrale Botschaften kontinuierlich im Umlauf bleiben. Die strategische Nutzung von Printmedien, Fachmagazinen und gezielter Medienarbeit hilft, Themen auf regionaler und überregionaler

Ebene zu verankern. Zudem sind Pressetools nützlich, um Pressemitteilungen zu verteilen und die Medienresonanz zu beobachten.

- *Social Media und Event-Marketing:* Der strategische Einsatz von Social-Media-Plattformen (wie *LinkedIn, Instagram, TikTok* und *Facebook*) ermöglicht eine direkte Interaktion mit der Gemeinschaft und erhöht die Reichweite. Schulen könnten Event-Marketing für gezielte Themenveranstaltungen nutzen, etwa durch Webinare, Workshops oder Thementage, die auf aktuelle Schwerpunkte wie Prävention, digitale Pflege und Nachhaltigkeit ausgerichtet sind.

4. *Interne Qualifizierung und Fortbildung:* Die effektive Umsetzung von Outreach- und Agenda Setting-Initiativen hängt auch von der Qualifikation der Mitarbeiter ab. Falls notwendig, schaffen Workshops und interne Fortbildungen das Bewusstsein für die Bedeutung von Outreach und Agenda Setting und schulen Mitarbeiter darin, die Themen proaktiv nach außen zu tragen.

- *Workshops und Fortbildungen:* Schulungen zur Medienkompetenz, Rhetorik und interkulturellen Kommunikation stärken die Kompetenz der Mitarbeiter in der Außenkommunikation und sensibilisieren für die Ansprüche der Community Outreach-Arbeit. Verfügen Sie über eine Fort- und Weiterbildungsabteilung, bietet sich die Möglichkeit, Schulungen intern durchzuführen und dabei auf spezifische Ziele und Herausforderungen Ihrer Einrichtung einzugehen.

- *E-Learning und digitale Wissensplattformen:* Das Angebot von Online-Kursen und E-Learning-Modulen (z. B. über *Udacity* oder *Coursera*) unterstützt die kontinuierliche Weiterbildung.[65] Die Themen können von Projektplanung über die Evaluation bis hin zur Nutzung digitaler Tools reichen und geben Mitarbeiter die Möglichkeit, sich kontinuierlich weiterzubilden.

5. *Stärkung des Feedback-Systems:* Ein kontinuierlicher Austausch mit der Zielgruppe ist notwendig, um die Effektivität der Programme zu prüfen und Anpassungen vorzunehmen. Feedback-Mechanismen fördern zudem die Interaktion mit der Community und bieten wertvolle Rückschlüsse auf die tatsächliche Wirkung der Projekte.

   - *Feedback-Kanäle einrichten:* Um Rückmeldungen von der Community einzuholen, können Schulen verschiedene Feedback-Kanäle einrichten, z. B. Online-Befragungen, Feedback-Boxen oder regelmäßige Fokusgruppen. Digitale Tools wie *Mentimeter* eignen sich für interaktive Umfragen und Meinungsabfragen, die eine schnelle Auswertung ermöglichen.

   - *Monitoring und Anpassung:* Monitoring-Tools wie *Google Analytics* und *Brandwatch* helfen, die Resonanz auf die Themen zu analysieren und regelmäßig anzupassen. So bleibt die Strategie flexibel und kann auf aktuelle Entwicklungen und Rückmeldungen reagieren.

---

[65] Online im WWW: https://www.udacity.com/ und https://www.coursera.org/.

6. *Nachhaltigkeitsstrategie entwickeln:* Um Outreach- und Agenda Setting-Maßnahmen langfristig im Ausbildungsbetrieb zu etablieren, ist eine frühzeitige Planung der Nachhaltigkeit entscheidend. Dazu gehören eine dauerhafte Finanzierung und die kontinuierliche Anpassung der Programme an die Bedürfnisse der Gemeinschaft.

   - *Finanzierung sicherstellen:* Unter Umständen kann die Finanzierung von Outreach-Projekten kann durch Fördermittel, Kooperationen oder Crowdfunding gesichert werden. Förderprogramme des *Bundesministeriums für Bildung und Forschung (BMBF)* oder des *Europäischen Sozialfonds (ESF)* bieten Unterstützung für Projekte im Bereich Gesundheitsbildung und Prävention.[66]

   - *Beständige Ressourcenpflege:* Eine nachhaltige Strategie beinhaltet auch die kontinuierliche Schulung des Personals und die Schaffung fester Strukturen für Outreach-Projekte. Der Aufbau einer internen Wissensdatenbank und eines Projektmanagement-Teams hilft, Know-how zu sichern und zukünftige Projekte effizienter zu gestalten.

7. *Ergebnisse dokumentieren und sichtbar machen:* Eine klare Dokumentation der Ergebnisse und Erfolge ist unerlässlich, um die Wirkung von Community Outreach und Agenda Setting für die Organisation selbst sowie die Öffentlichkeit transparent zu machen.

---

[66] Online im WWW: https://www.bmbf.de/bmbf/de/forschung/zukunftsstrategie/foerderung-in-der-forschung/foerderung-in-der-forschung_node.html und https://www.esf.de/portal/DE/Startseite/inhalt.html.

- *Berichte und Case Studies erstellen:* Durch die Erstellung von Berichten und Fallstudien lassen sich Projektergebnisse strukturiert festhalten und analysieren. Berichte, die regelmäßig veröffentlicht werden, steigern die Transparenz und tragen zur Glaubwürdigkeit der Einrichtung bei.

- *Erfolge kommunizieren:* Die Publikation von Erfolgen durch Jahresberichte, Case Studies und Blog-Posts macht die Ergebnisse und Erkenntnisse einer breiten Öffentlichkeit zugänglich und stärkt das Vertrauen in die Einrichtung als aktiven Gestalter des Gesundheitswesens.

Diese umfassenden Schritte helfen Gesundheitsfachschulen, die beiden strategischen Ansätze Community Outreach und Agenda Setting nachhaltig und wirksam zu verknüpfen und eine starke Präsenz in der Gesellschaft zu etablieren.

Indem Sie für Ihre Ausbildungsstätte den gesamten Prozess – von der Planung bis zur Kommunikation – strukturiert und strategisch umsetzen, schaffen Sie einen kontinuierlichen Mehrwert, der Ihre Position in der Gesundheitsbildung auch gegenüber Ihren Mitbewerbern langfristig stärkt.

4.6 Von der Theorie zur Praxis: *The Bigger Picture...*

Das strategische Zusammenspiel von Community Outreach und Agenda Setting verwandelt Pflegeschulen und Schulen für Gesundheitsfachberufe in maßgebliche Akteure, die nicht nur Wissen vermitteln, sondern den gesellschaftlichen Diskurs um Gesundheitsfragen aktiv gestalten. Diese Einrichtungen nutzen ihren Bildungsauftrag als Ausgangspunkt für eine breitere, systemische Wirkung, indem sie Initiativen entwickeln, die soziale Realitäten aufgreifen und gesellschaftlichen Mehrwert schaffen – sei es durch die Einführung interkultureller Gesundheitsprogramme oder die Stärkung präventiver Gesundheitskompetenzen.

Durch die kluge Verbindung von Theorie und Praxis transformieren solche Schulen ihre Projekte zu Katalysatoren im Gesundheitswesen. Dieser Ansatz ermöglicht es, die Wahrnehmung von Gesundheitsthemen im öffentlichen Diskurs nachhaltig zu verankern und langfristige Akzeptanz und politische Unterstützung für wirklich, wirklich essenzielle Gesundheitsreformen zu schaffen.

Die Bewegung von der Theorie in die Praxis wird damit zur kraftvollen Strategie: Sie ermöglicht es Bildungsinstitutionen, ihre Rolle im Gesundheitswesen von der klassischen Ausbildung zu einer aktiven und gestaltenden Kraft der gesellschaftlichen Gesundheitsversorgung zu erweitern.

4.7 Schlussfolgerung: Die Gesundheitsfachschule als Agora für sozialen Wandel

Ich meine, dass die Verknüpfung von Community Outreach und Agenda Setting Schulen für Gesundheitsfachberufe dazu herausfordert, ihre Rolle weit über die Ausbildung hinaus zu denken. Mit einem strategischen Fokus auf *gesellschaftlichen Mehrwert* wird die Schule zu einem Knotenpunkt, an dem Ausbildung, Praxis und sozialer Wandel zusammenfließen. Diese Verbindung entfaltet eine Kraft, die nicht nur die Wahrnehmung von Gesundheitsberufen aufwertet, sondern eine Kultur der Fürsorge und Verantwortung fördert – in der die Gesundheitsbildung zur Bühne gesellschaftlicher Innovationen wird.

Eine vielleicht überraschende Erkenntnis liegt darin, dass die Gesundheitsausbildung durch diese Rolle auch zu einer Art *politischem Raum* werden kann: einem Ort des Austauschs und der Reflexion, vergleichbar mit der antiken *Agora*, in der Bürger zusammentrafen, um über das Gemeinwohl zu diskutieren und gemeinsame Entscheidungen zu treffen. Die *Gesundheitsfachschule als Agora* ist ein Konzept, das die Grenzen traditioneller Bildungsmodelle sprengt. Hier wird nicht nur Wissen vermittelt, sondern ein lebendiger Raum geschaffen, in dem Gesellschaft und Bildung auf Augenhöhe zusammentreffen und eine dialogische Beziehung entsteht, die dem sozialen Fortschritt dient.

In diesem Sinne sind Gesundheitsfachschulen nicht nur Vermittler von Fachkompetenzen, sondern auch Orte, an denen die Herausforderungen der Zeit verhandelt und reflektiert werden. Sie schaffen einen politischen Raum, in dem das Gesundheitswesen und seine Akteure direkt in den gesellschaftlichen Diskurs eingebunden werden – ein Raum, der die Bildungsstätte zur Plattform für Ideen, Debatten und innovative Ansätze macht. Die Schule wird so zu einem Agora-Raum, in dem sich Gesundheitspraxis und gesellschaftlicher Dialog überschneiden und neue Perspektiven auf die Rolle des Gesundheitswesens in einer sich wandelnden Gesellschaft entwickelt werden.

Dieser Ansatz verdeutlicht, dass Gesundheitsbildung nicht nur technische Fähigkeiten vermittelt, sondern auch gesellschaftliche Teilhabe und kollektive Verantwortung fördert. Bildung wird hier zum Motor für einen Wandel, der die Gesellschaft in ihrer Gesamtheit formt und stärkt – ein Wandel, der uns Gesundheitsfachschulen zu aktiven und gestaltenden Kräften im sozialen und politischen Raum macht.

5   Best Practices – Erfolgreiche Outreach-Projekte

Der Volksmund sagt: „Ein kluges Ziel ist ein halber Erfolg" – und dieser Leitsatz trifft besonders auf Outreach-Projekte zu. Mit präziser Planung, strategisch durchdachter Umsetzung und klar definierten Zielen erzielen solche Projekte Wirkungen, die weit über die Ausbildungsphase hinausreichen.

Outreach-Projekte, die die Balance zwischen Innovationskraft und Umsetzbarkeit bewahren, haben das Potenzial, nicht nur die Ausbildung der Gesundheitsfachberufe langfristig zu bereichern, sondern auch das gesellschaftliche Bewusstsein für die Bedeutung dieser Berufe nachhaltig zu schärfen.

5.1   Analyse erfolgreicher Praxisbeispiele: Die Essenz des Erfolgs

Was macht ein Community Outreach-Projekt erfolgreich? Die Mischung macht's, wie so oft. Die Antwort liegt im Zusammenspiel aus Konzept, Strategie und Umsetzung.

Ein fundiertes Verständnis der Zielgruppen und deren Bedürfnisse schafft die Basis für nachhaltige Wirkung. Zudem kommt es darauf an, flexibel auf Herausforderungen zu reagieren und kreative Lösungen zu finden.

In der folgenden Analyse betrachten wir Best Practices im Detail, um zu verstehen, welche Elemente den Unterschied ausmachen und wie sie auf verschiedene Anwendungsfelder übertragen werden können.

Erfolgreiche Outreach-Projekte weisen drei grundlegende Erfolgsfaktoren auf:

- Klare Zielsetzung,

- enge Zusammenarbeit mit der Gemeinschaft,

- nachhaltige Wirkung, die sowohl kurzfristige Ergebnisse als auch langfristige Veränderungen anstrebt.

Projekte, die die Interessen und Bedürfnisse der Stakeholder konsequent in den Mittelpunkt stellen und kreative sowie praxisnahe Ansätze integrieren, sind besonders geeignet, Resonanz und Engagement zu erzeugen.

5.2 Schlüsselkomponenten des Erfolgs

1. *Bedarfsorientierung:* Projekte, die auf einer fundierten Analyse der Zielgruppenbedürfnisse basieren, schaffen nachhaltigere und relevantere Lösungen. Eine *SWOT-Analyse (Stärken, Schwächen, Chancen, Risiken)* hilft, das Projektenvironment umfassend zu analysieren und darauf abgestimmte Strategien zu entwickeln. Die bereits erwähnte *Community Tool Box* bietet eine wertvolle Ressource für eine wirksame Bedarfsanalyse.

2. *Partizipative Ansätze:* Projekte, die auf aktive Beteiligung der Zielgruppen setzen, finden eine höhere Akzeptanz und erzielen tiefere Wirkungen. Wenn die Betroffenen von Anfang an in Planung und Umsetzung eingebunden sind,

entsteht eine nachhaltige Wertschätzung, die das Projekt
überdauert.[67]

3. *Evaluation und Anpassung:* Kontinuierliche Evaluation und
die Bereitschaft zur Anpassung kennzeichnen erfolgreiche
Projekte, die ihre Wirkung maximieren wollen. Flexibilität ist
essenziell, um offen für Veränderungen zu bleiben und die
Projektergebnisse kontinuierlich zu verbessern. Die
International Association for Public Participation (IAP2)
bietet Leitfäden zur professionellen Projektbewertung und -
anpassung.[68]

4. *Strategische Kommunikation:* Eine gezielte, auf die
Zielgruppe abgestimmte Kommunikation ist entscheidend,
um die Projektbotschaften wirkungsvoll zu vermitteln und
das Engagement der Gemeinschaft zu fördern. Erfolgreiche
Outreach-Projekte entwickeln klare Kommunikationspläne,
die die Projektziele und den Nutzen für die Beteiligten
verständlich und ansprechend darstellen. Durch regelmäßige Updates und gezielte Mediennutzung – ob über
Social Media, lokale Veranstaltungen oder Publikationen –
wird die Sichtbarkeit des Projekts erhöht und das Vertrauen
der Gemeinschaft gestärkt.

---

[67]   Dass Outreach-Evaluationen nützlich, glaubwürdig und partizipativ sein
müssen, wobei die Community bei der Zieldefinition und Ergebnisbewertung
eingebunden werden sollte, darauf haben Judith M. Ottoson und Lawrence W.
Green aufmerksam gemacht: Community outreach: from measuring the
difference to making a difference with health information. In: Journal of the
Medical Library Association 93 (2005), S. 49-56. Online im WWW:
https://pmc.ncbi.nlm.nih.gov/articles/PMC1255753/pdf/i0025-7338-093-
04S-0049.pdf.

[68]   Online im WWW: https://www.iap2.org/.

5.3 Praktische Einblicke in eigene erfolgreiche Outreach-Projekte

Um die Gesundheitsbildung nachhaltig zu fördern und potenzielle Nachwuchskräfte für Gesundheitsberufe zu begeistern, sind innovative Outreach-Projekte entscheidend. Diese Initiativen zielen darauf ab, frühzeitig Interesse an Gesundheitsberufen zu wecken und Jugendlichen praxisnahe Einblicke in Berufsfelder wie Pflege und Physiotherapie zu ermöglichen. Die folgenden Beispiele – das *Physiotherapie-Barcamp* (2015), der *Schulsozialberatungsgipfel* (2023) und die *UKS-Mini Nurse AcadeME* (2023ff.) veranschaulichen, wie wir in meiner Einrichtung gezielt mit Projekten die Gesundheitskompetenz und soziale Verantwortung bei Jugendlichen stärken und gleichzeitig das Gesundheitssystem langfristig unterstützen können.

5.3.1 Physiotherapie-Barcamp

Um das Lernen und die Interaktion unter den Physiotherapieschüler zu fördern, haben wir das *Landesjuniorentreffen der saarländischen Physiotherapieschüler* 2015 als Barcamp organisiert. Dieses Format stellte eine bewusste Abkehr von traditionellen Lehrmethoden dar und ermöglichte es den Teilnehmenden, sich aktiv in die Gestaltung der Inhalte einzubringen. Die offene Struktur eines Barcamps – bei dem Themenvorschläge und Moderation von den Teilnehmern selbst kommen – fördert eigenverantwortliches, kollaboratives Lernen und zeigt den Auszubildenden neue Wege auf, wie Wissen generiert und geteilt werden kann.

Das Barcamp ist für mich seit Jahren ein idealer Ausdruck des Community Outreach-Gedankens, da es den Auszubildenden die Möglichkeit gibt, nicht nur Wissen zu erwerben, sondern auch als

Wissensträger aufzutreten, die ihre Kompetenzen aktiv teilen: *Teilnehmer werden zu Teilgebern.* Es schafft zudem einen Raum, in dem die Physiotherapieschüler ihre beruflichen Perspektiven erweitern und ein Netzwerk für die spätere Zusammenarbeit aufbauen können. Der Austausch von Herausforderungen und Best Practices in einem informellen Umfeld stärkt die Identifikation mit dem Beruf und zeigt den Teilnehmern die Bedeutung kollektiver Verantwortung für die Gesundheitsversorgung. Im Rahmen des Agenda Setting dient dieses Format als Modellprojekt für neue, selbstbestimmte Lernformate im Gesundheitsbereich und hat damit das Potenzial, Entscheidungsträger auf die Notwendigkeit moderner, flexibler Bildungsangebote aufmerksam zu machen.[69]

5.3.2 Schulsozialberatungsgipfel

Dieser Gipfel wurde bewusst initiiert, um die Schulsozialarbeit im Kontext von Gesundheitsfachberufen strategisch zu verankern und ein tragfähiges Fundament für die sozialpädagogische Unterstützung von Auszubildenden und dual Studierenden zu schaffen. Am 21. März 2023, dem Internationalen Tag der Sozialen Arbeit, kamen Vertreter von acht Einrichtungen aus fünf Bundesländern im Schulzentrum des Universitätsklinikums des Saarlandes zusammen. Das Ziel: Ein Manifest zu entwickeln, das den Wert und die Dringlichkeit einer verstärkten Schulsozialberatung betont, um langfristig die Sicherung von Fachkräften durch gezielte Unterstützung und Beratung von Auszubildenden zu gewährleisten.

---

[69] Vgl. dazu Ulrich Wirth: Physiologie der Un-Konferenz oder Lernen 2.0-Veranstaltungsformate im Unternehmenskontext. Norderstedt 2014 und ders.: Betriebliches Bildungsmanagement 2.0 – Barcamps in der betrieblichen Qualifizierungspraxis. In: Wissensmanagement Kent 4 (2014), S. 33-35.

Das *Manifest für Soziale Arbeit an Gesundheitsfachschulen*, das am Schulsozialberatungsgipfel erarbeitet wurde, richtet sich an politische Entscheidungsträger, Bildungseinrichtungen und Träger von Ausbildungsprogrammen.[70] Es plädiert für die Notwendigkeit einer finanziellen und strukturellen Absicherung der Schulsozialberatung, um die langfristige Stabilität und Resilienz der Auszubildenden zu fördern. Dabei wurde erkannt, dass Community Outreach entscheidend ist, um die Bedürfnisse junger Menschen aufzufangen und sie in ihrer persönlichen und beruflichen Entwicklung zu unterstützen. Über den rein pädagogischen Bereich hinaus geht es hier darum, eine systematische Unterstützung in Form von Beratungen, Lerncoachings und mentaler Resilienzförderung anzubieten.

Im Rahmen des Gipfels konnte durch gezieltes Agenda Setting eine politische Aufmerksamkeit geschaffen werden, die das Thema Schulsozialarbeit nicht nur in den institutionellen, sondern auch in den öffentlichen und politischen Diskurs einbindet. Ein Videogrußwort des saarländischen Gesundheitsministers verstärkte diese Wirkung, und das entstandene Manifest konkretisierte die Forderungen nach strukturellen und finanziellen Maßnahmen. *„Großes entsteht im Kleinen"*, wie wir im Saarland so sagen – das Projekt bewies eindrucksvoll, dass der Schulsozialberatung als Präventionsmaßnahme eine Schlüsselrolle im Gesundheitswesen zukommt, da sie sich präventiv gegen Ausbildungsabbrüche und Belastungen engagiert und damit einen Beitrag zur Fachkräftesicherung leistet.

---

[70]   Vgl. dazu Das Manifest für Soziale Arbeit an Gesundheitsfachschulen. Für eine professionelle, bedarfsgerechte Begleitung als Qualitätsmerkmaleiner neuen Schul- und Ausbildungskultur. Online im WWW: https://www.uks.eu/fileadmin/uks/karriere/ausbildung-am-uks/uks-akademie/Fotosammlung_Schulzentrum/Manifest_Schulsozialberatung_20230425.pdf.

5.3.3 UKS-Mini Nurse AcadeME

Dieses Projekt, initiiert vom Schulzentrum des Universitätsklinikums des Saarlandes, verfolgt das Ziel, Schüler an allgemeinbildenden Schulen frühzeitig für den Pflegeberuf zu begeistern.
Indem es Teil eines umfassenden Community Outreach-Programms
ist, werden nicht nur grundlegende Gesundheitskompetenzen,
sondern auch Werte wie soziale Verantwortung und Achtsamkeit
vermittelt.

Der Schwerpunkt liegt darauf, Kinder und Jugendliche in den
Klassenstufen 5 und 6 anzusprechen und ihnen so bereits in jungen
Jahren praxisnahe Einblicke in den Pflegeberuf zu ermöglichen.

Das Programm ist bewusst als Open-Source-Projekt gestaltet, sodass es nicht nur im Saarland, sondern auch bundesweit adaptiert
werden kann. Dies ermöglicht es anderen Bildungs-einrichtungen,
Module wie Workshops, Simulationen und interaktive Lernein-
heiten zu nutzen und lokal anzupassen. Das Konzept des früh-
zeitigen Einbindens junger Menschen ist entscheidend, um über
den Weg des Agenda Setting ein gesellschaftliches Bewusstsein für
den Wert der Pflegeberufe zu schaffen und diesem Berufsfeld den
Stellenwert zu verleihen, den es verdient. Indem Kinder in
„Lebensretter“-Szenarien und Simulationen Verantwortung übernehmen, wird eine tiefe, emotionale Verbindung zum Pflegeberuf
geschaffen. Auch wenn nicht alle später im Gesundheitsbereich
tätig werden, verankert dieses Programm die Wertschätzung für die
Pflege im Bewusstsein einer neuen Generation.

Für dieses Projekt ist das Schulzentrum des UKS am 5. November
2024 mit dem ersten Platz des bundesdeutschen SCHULEWIRT-
SCHAFT-Preises in der Kategorie *Kooperation Schule – Unternehmen* ausgezeichnet *worden*.

In allen drei Projekten – der UKS-Mini Nurse AcadeME, dem Physiotherapie-Barcamp und dem Schulsozialberatungsgipfel – wird der Wert von Community Outreach und Agenda Setting deutlich. Sie schaffen Dialoge zwischen Bildungseinrichtungen, Politik und Gesellschaft, die auf gegenseitigem Verständnis und Engagement basieren, und positionieren die Gesundheitsberufe als unverzichtbare Elemente eines zukunftsfähigen, solidarischen Gesundheitssystems.

5.4 Barcamps als Plattformen für Community Outreach und Agenda Setting

Barcamps bieten eine einzigartige und dynamische Plattform, um zentrale Themen der Pflege- und Gesundheitsberufe einem breiten Publikum nahezubringen und eine aktive Mitgestaltung durch alle Beteiligten zu fördern. Durch das Prinzip der offenen Agenda – bei dem Teilnehmende die Themen des Tages selbst festlegen – wird das Barcamp zu einem Raum des Austauschs und der Kollaboration, der nicht nur Wissen, sondern auch Perspektivenvielfalt und neue Netzwerke schafft.

5.4.1 Community Outreach durch Barcamps

Barcamps bieten eine ideale Umgebung, um wichtige Themen direkt in die Gemeinschaft hineinzutragen und die Anliegen der Gesundheitsberufe einem breiteren Publikum zugänglich zu machen. Indem Barcamps gezielt auf die Gesundheits- und Pflege-berufe ausgerichtet werden, können Pflegekräfte, Studierende, Ausbildende, Patienten und Angehörige teilnehmen und somit eine ganzheitliche, auf die tatsächlichen Bedürfnisse der Community ausgerichtete Diskussion führen. Die offene Struktur ermöglicht es allen Teilnehmenden, ihre spezifischen Herausforderungen, Ideen und Perspektiven einzubringen, wodurch das Barcamp eine Brücke zwischen der Fachwelt und der Gesellschaft schafft. Outreach-Projekte, die auf diesem Format basieren, bieten die Chance, authentische Verbindungen zu schaffen, indem sie die Teilnehmer ermutigen, Themen wie Resilienz, Gesundheitsprävention und die Pflege im Alltag offen zu diskutieren und gemeinsam an Lösungsansätzen zu arbeiten.

In meiner Einrichtung basteln wir derzeit an einem Pflege-Barcamp, das sich speziell an junge Menschen richtet und die Themen „Gesundheitskompetenz und Prävention" sowie „Mentale Gesundheit in der Pflege" zum Fokus macht. Durch praxisnahe Workshops und den Austausch realer Erfahrungen und Herausforderungen wollen wir den Teilnehmern zu tieferen Einblicken verhelfen, was zu einer höheren Sensibilisierung für die Bedeutung von Pflege und Gesundheitsberufen in der Gesellschaft führt.

5.4.2   Agenda Setting durch Barcamps

Neben dem Outreach-Gedanken sind Barcamps auch ein wirksames Instrument des Agenda Settings. Die durch die Teilnehmenden gesetzten Themen und diskutierten Fragen spiegeln oft die dringendsten Anliegen und Herausforderungen der jeweiligen Berufsgruppe wider. Indem relevante Themen in den Mittelpunkt gestellt werden, wie etwa die Bedeutung der Digitalisierung in der Pflegeausbildung, die Notwendigkeit interkultureller Kompetenz oder die Förderung einer besseren gesellschaftlichen Anerkennung, können Barcamps den politischen und öffentlichen Diskurs aktiv mitgestalten.

Ein Beispiel für Agenda Setting im Rahmen eines Barcamps wäre ein Format, bei dem die Teilnehmenden zusammen mit Entscheidungsträgern, Vertretern der Bildungseinrichtungen und politischen Akteuren die drängenden Themen des Fachkräftemangels und der Arbeitsbelastung diskutieren. Hier wird nicht nur der Status quo erörtert, sondern es werden auch gezielt Lösungsansätze entwickelt und in das öffentliche Bewusstsein gebracht. Indem die Ergebnisse und Erkenntnisse solcher Barcamps dokumentiert und verbreitet werden, können sie die Grundlage für neue Initiativen und politisches Handeln schaffen.

Die offen gestaltete Dokumentation und Nachbereitung eines solchen Barcamps ermöglicht zudem, dass die diskutierten Themen über den Teilnehmerkreis hinaus sichtbar werden und breitere gesellschaftliche und politische Resonanz finden.

5.4.3 Die Rolle von Barcamps für eine nachhaltige Community Outreach- und Agenda Setting-Strategie

Barcamps fördern ein Umfeld des Engagements, in dem sich Fachleute und Laien gleichberechtigt austauschen können. Diese Veranstaltungen sind nicht nur Orte des Lernens und Diskutierens, sondern Plattformen, die durch offene Kommunikation eine nachhaltige Verbindung zur Gemeinschaft aufbauen. Jedes Barcamp bietet eine einmalige Gelegenheit, wichtige Themen durch praktische Workshops, Diskussionsrunden und das direkte Feedback der Teilnehmenden zu erörtern. Dieses gemeinsame Engagement kann zu einem Umdenken führen, indem es Denkanstöße gibt und die Themen und Anliegen der Pflege- und Gesundheitsberufe in den gesellschaftlichen Mittelpunkt rückt.

Barcamps tragen damit entscheidend dazu bei, dass die Ausbildung in Pflege- und Gesundheitsfachberufen als integraler Bestandteil des gesellschaftlichen Fortschritts wahrgenommen wird und die Themen in einem breiten Diskurs verankert werden. So wird das Barcamp zu einem wirkungsvollen Instrument, um nicht nur aktuelle Bedürfnisse aufzuzeigen, sondern auch langfristig die Agenda für eine zukunftsgerichtete Gesundheitsbildung und -versorgung zu setzen.

5.5 Empathie und Ethik im Community Outreach: Menschliche Werte als strategische Ressource

Die *soziale Bedeutung* von Community Outreach lässt sich nicht allein auf *organisatorische Effizienz oder fachliche Kompetenz* reduzieren – es ist vielmehr ein Projekt, das tief in der *menschlichen Erfahrung und in ethischen Prinzipien* verwurzelt ist:

Empathie und Ethik sind keine bloßen Anhängsel,
sondern konstitutive Elemente jeder erfolgreichen
Outreach-Initiative, insbesondere im
Gesundheitssektor.

Empathie dient hierbei als Brücke, die unterschiedliche soziale Welten verbindet, während ethische Grundsätze für eine respektvolle, verantwortungsvolle und langfristig wirkungsvolle Interaktion sorgen.

Ich bin davon überzeugt, dass ein Outreach-Projekt, das sich der Kraft dieser Werte bewusst ist, als authentisch und vertrauenswürdig wahrgenommen wird und eine anhaltende Resonanz zu entfalten vermag. Gerade in einem Bereich wie der Gesundheitsbildung, wo häufig sensiblen Themen wie mentale Gesundheit, chronischen Krankheiten oder familiären Belastungen begegnet wird, eröffnet ein empathisches und ethisches Vorgehen eine Tiefe und Zugänglichkeit, die intellektuell überzeugend, aber auch emotional berührend ist. Die Arbeit in der Pflege verlangt nicht nur Wissen, sondern auch Mitgefühl und ethisches Urteilsvermögen – Eigenschaften, die durch ein derart verankertes Outreach gefördert und gestärkt werden.

Strategien ethischer und empathischer Outreach-Arbeit sind:

- *Patientenzentrierte und klar verständliche Kommunikation:* Der Verzicht auf fachliche Überheblichkeit und die Verwendung einer klaren, zugänglichen Sprache zeigen Respekt vor den Zielgruppen und tragen zum wechselseitigen Verständnis bei.

- *Ethisch reflektierte Fallstudien und Erfahrungsberichte:* Narrationen, die die Realität der Gesundheitsberufe einfühlsam vermitteln, schaffen nicht nur Bewusstsein, sondern regen zum Nachdenken an. Diese Darstellungen sollten anonymisiert und respektvoll sein, um das Vertrauen der Teilnehmer zu wahren.

- *Transparente Absicht und langfristige Zielorientierung:* Nur wenn das Ziel klar kommuniziert wird und die Zielgruppe erkennt, dass ihr Wohl und nicht fremde Agenden im Mittelpunkt stehen, kann nachhaltiges Vertrauen aufgebaut werden.

Empathie und Ethik sind daher nicht nur *moralische Imperative*, sondern die *geistigen Ressourcen*, die eine langfristige Transformation bewirken. Durch die bewusste Integration dieser Werte in den Outreach schaffen Gesundheits- und Bildungseinrichtungen eine Atmosphäre des Vertrauens und des gemeinsamen Wachstums, die sich weit über die unmittelbaren Projektziele hinaus auswirkt.

5.6 Zen und die Kunst der Outreach-Pflege: Achtsamkeit, Meditation und tiefe innere Ruhe für Ihre Projekte

Community Outreach ist normalerweise ein intensiver und zielgerichteter Prozess, geprägt von Analysen, Strategien und Kommunikationsmaßnahmen.

Doch was, wenn wir einen Schritt weitergehen und Outreach als einen spirituellen Weg betrachten?

Dieses *Bonuskapitel* lädt dazu ein, Outreach einmal durch die Linse der Zen-Philosophie zu sehen – als eine Praxis, die nicht nur *getan* wird, sondern deren Essenz im *Sein* liegt. Zen, eine Strömung des Buddhismus, die für ihre Betonung von Achtsamkeit und Gegenwärtigkeit bekannt ist, kann Outreach-Teams in der Pflege und Gesundheitsbildung eine neue Perspektive auf ihr Tun und die Art und Weise, wie sie mit ihren Zielgruppen in Kontakt treten, bieten.

Im Zen geht es darum, den Moment bewusst zu erleben und die Qualität der eigenen Präsenz zu kultivieren. Ein Outreach-Projekt, das Zen als Inspirationsquelle nutzt, strebt danach, jede Handlung, jedes Meeting und jede Interaktion als *Chance* zu begreifen, eine tiefe Resonanz mit der Gemeinschaft und den Beteiligten zu schaffen. Dieses Kapitel wird beleuchten, wie Achtsamkeitspraktiken, reflektierte SWOT-Analysen und intuitives Agenda

Setting in die Arbeit integriert werden können, um ein nachhaltiges und kohärentes Outreach zu fördern.[71]

Achtsamkeit ist seit langem ein Thema in der Psychologie und Pädagogik, das durch wissenschaftliche Arbeiten an Bedeutung gewonnen hat. Jon Kabat-Zinn, ein Pionier der Achtsamkeitstherapie, hat das Konzept auf eine einfache, aber tiefgründige Weise beschrieben: Achtsamkeit bedeutet „die Gegenwart so zu akzeptieren, wie sie ist". Outreach-Arbeit, die auf diesem Prinzip basiert, verankert sich nicht nur im „Was" (den Zielen und Ergebnissen), sondern auch im „Wie" (dem Weg dorthin) und im „Warum" (den Beweggründen).

Outreach-Projekte im Gesundheitssektor, die oft mit Herausforderungen wie Stress, Burnout oder emotionalen Belastungen konfrontiert sind, können durch eine achtsame Herangehensweise entlastet und gestärkt werden. Durch Meditation, das Praktizieren von Präsenz und achtsame Kommunikationsmethoden entwickeln Teammitglieder eine innere Ruhe, die ihnen nicht nur persönlich zugutekommt, sondern auch ihre Arbeit qualitativ verbessert.

---

[71]   Zen und Achtsamkeit sind umfassend in den Arbeiten von Thich Nhat Hanh und Shunryu Suzuki dokumentiert. Sie bieten wertvolle Anleitungen für Achtsamkeit und innere Ruhe, die leicht in die Arbeit im Community Outreach integriert werden können. Auch die modernen Werke von Jon Kabat-Zinn zur Stressreduktion und Achtsamkeit im Alltag sind als theoretische Grundlage nützlich. Vgl. hierzu Shunryu Suzuki: Zen-Geist, Anfänger-Geist: Unterweisungen in Zen-Meditation. München 1999; Thich Nhat Hanh: Das Wunder der Achtsamkeit: Ein Übungsweg zur Meditation. Berlin 2005; Jon Kabat-Zinn: Zur Ruhe kommen: Meditation für Menschen mit wenig Zeit. München 2011; ders.: Gesund durch Meditation: Das große Buch der Selbstheilung mit MBSR. Freiburg im Breisgau 2013.

Praktische Übungen zur Förderung eines achtsamen Outreachs können sein:

- *Achtsames Agenda Setting:* Anstatt hektische Meetings durchzustehen, bei denen Effizienz vor emotionaler Präsenz steht, könnte ein Team dazu eingeladen werden, zu Beginn jeder Sitzung eine kurze Atemübung zu machen. Die „Atem-für-Atem"-Methode ist hier eine Möglichkeit: Durch bewusstes Ein- und Ausatmen kann jeder Teilnehmer seine Aufmerksamkeit ins Hier und Jetzt bringen, bevor strategische Diskussionen beginnen.

- *Die meditative SWOT-Analyse:* Die klassische SWOT-Analyse (Stärken, Schwächen, Chancen, Risiken) wird hier zur meditativen Übung umgestaltet. Anstatt nur rational zu analysieren, wird jedes Element als Potenzial für das Wachstum des Projekts betrachtet. Schwächen und Risiken werden nicht als Defizite, sondern als Einladungen zur Reflektion behandelt. Diese Reflexion stärkt die Resilienz und fördert eine anpassungsfähige, gelassene Herangehensweise.

- *Intuitives Zuhören in der Zielgruppenanalyse:* Im Zen steht das „tiefe Zuhören" (*shoshin*, „der Geist des Anfängers") im Vordergrund. Die Haltung des Nicht-Wissens öffnet das Team für neue Einsichten und lässt es jede Rückmeldung unvoreingenommen aufnehmen. Durch diese Praxis des intuitiven Zuhörens kann ein Team authentisch auf die Anliegen und Bedürfnisse der Zielgruppen eingehen, ohne voreilige Schlussfolgerungen zu ziehen.

Ein Outreach-Projekt, das die Prinzipien des Zen umarmt, ist somit nicht nur strategisch, sondern schafft einen Raum, in dem Arbeit und innere Einkehr sich gegenseitig bedingen. Die transformative Kraft von Achtsamkeit und Gegenwärtigkeit kann Outreach-Teams helfen, langfristige, tief verankerte Beziehungen aufzubauen, die nicht nur den Zweck, sondern auch den Sinn in den Mittelpunkt stellen.

Probieren Sie es einmal aus.

6 Agenda Setting *in Aktion* – Den öffentlichen Diskurs prägen

„Wenn du nicht mit am Tisch sitzt, stehst du auf der Speisekarte" – dieser Ausspruch der Diplomatie könnte für Pflegeschulen und Gesundheitsfachschulen kaum treffender sein, die sich im Bereich des Agenda Settings positionieren möchten.

*Der öffentliche Diskurs wird nicht zufällig geprägt;
wer mitreden und Gehör finden will, muss sich
strategisch geschickt und mit einer klaren Vision ins
Gespräch einbringen.*

Für Ausbildungsstätten, Ausbildungsverbünde und Träger der praktischen Ausbildung bedeutet das eine Herausforderung, aber auch eine immense Chance: Sie können aktiv dazu beitragen, dass Gesundheitsfachberufe nicht nur als notwendige, sondern als essenzielle Bausteine unserer Gesellschaft anerkannt werden.

6.1 Praxis und Voraussetzungen: Was es für effektives Agenda Setting braucht

Agenda Setting eröffnet neue Wege zur Einflussnahme, aber um in die öffentliche Diskussion zu gelangen, bedarf es mehr als nur guter Absichten. Welche Voraussetzungen müssen erfüllt sein, und wie kann Agenda Setting in der Praxis zielgerichtet umgesetzt werden? Dieser Abschnitt beleuchtet, was eine Strategie benötigt, um nachhaltig zu wirken.

Das Agenda Setting in diesem Kontext erfordert:

- *Strategisches Geschick:* Schulen müssen sorgfältig abwägen, wann und wie sie ihre Botschaften einbringen. Es reicht längst nicht, nur gute Ideen zu haben – sie müssen gezielt und gut platziert an relevante Entscheidungsträger und die Öffentlichkeit kommuniziert werden. Strategisches Denken ist gefragt, um zu verstehen, welche Themen auf Resonanz stoßen und wie man langfristig eine kontinuierliche Präsenz aufbauen kann.

- *Mut zur klaren Botschaft:* Oft ist der Gesundheitsfachberuf von Komplexität und Vielschichtigkeit geprägt, was eine klare Kommunikation erschwert. Doch gerade der Mut zur pointierten Aussage, die auf den Punkt bringt, was für die Gesellschaft wirklich auf dem Spiel steht, macht den Unterschied. Gesundheitsfachschulen müssen dabei keine Kompromisse eingehen, sondern ihre Positionen mit Selbstbewusstsein und Entschlossenheit vertreten.

- *Präzises Timing:* Im Agenda Setting spielt der Zeitpunkt eine entscheidende Rolle. Schulen sollten Entwicklungen im Gesundheitswesen und in der Politik genau beobachten, um im richtigen Moment ihre Themen anzubringen. Ein passender Aufhänger – sei es eine gesellschaftliche Debatte oder eine politische Reform – kann die Wirkung einer Botschaft enorm verstärken und das Thema auf die öffentliche Agenda bringen.

„Jumping someone else's train", heißt es im gleichnamigen Song von *The Cure* – das ist durchaus nicht verwerflich.

- *Den Willen, den jeweiligen Gesundheitsfachberuf ins Zentrum der gesellschaftlichen Aufmerksamkeit zu rücken:* Letztlich ist es die Entschlossenheit, den Beruf aus dem Schattenbereich der öffentlichen Wahrnehmung herauszuholen und als einen unverzichtbaren Berufsfaktor in den Fokus zu rücken. Dies verlangt, dass Gesundheitsfachschulen immer wieder verdeutlichen, wie zentral diese Berufe für das Wohl und die Stabilität der Gesellschaft sind.

Zusammengefasst geht es darum, die Türen zu öffnen, durch die Ihr Thema nachhaltig in den gesellschaftlichen Diskurs einzieht. Nur wenn es gelingt, die Bedeutung von Pflege- und Gesundheitsfachberufen immer wieder sichtbar zu machen und deren Zukunft aktiv zu gestalten, kann das gesellschaftliche Verständnis für diese Berufe wirklich wachsen. Wer es hingegen versäumt, sich diesen Platz am Tisch zu sichern, läuft Gefahr, dass andere – oft branchenfremde Akteure – die Rahmenbedingungen festlegen, und zwar nicht immer im Interesse der Pflege- und Gesundheitsberufe.

Diese Aufgabe erfordert ein Umdenken in der Selbstwahrnehmung, vielleicht sogar etwas Unbescheidenheit.

Pflegeschulen und Gesundheitsfachschulen sollten sich nicht mehr allein als Bildungseinrichtungen verstehen, sondern als treibende Kräfte, die Impulse für den Wandel setzen und gesellschaftliche Verantwortung übernehmen. Durch Agenda Setting können sie aktiv daran mitwirken, die *Wahrnehmung und die Wertschätzung* der Gesundheitsfachberufe zu verbessern und ihn auf ein Fundament zu stellen, das ihn langfristig als gesellschaftlich unverzichtbar verankert.

6.2   Strategien zur Beeinflussung der öffentlichen Meinung

Bildungsverantwortliche, Personalentwickler und pädagogisches Personal haben die Möglichkeit, durch gezielte Kommunikation Themen zu setzen, die gesellschaftliche und politische Relevanz besitzen. Von der Digitalisierung bis hin zur mentalen Gesundheit von Pflegepersonal: Es sind Themen, die nicht nur das Leben der Pflegekräfte betreffen, sondern das gesamte Gesundheitswesen. Die Instrumente des Agenda Settings, von Storytelling über Medienarbeit bis hin zur Netzwerkbildung, ermöglichen es Gesundheitsfachschulen, aktiv am Meinungsbildungsprozess teilzunehmen und die Aufmerksamkeit dorthin zu lenken, wo Veränderungen dringend notwendig sind.

Im Folgenden gebe ich zunächst Beispiele für potenzielle Themen, aufgegliedert nach Gesundheitsfachberufen.

6.3   Zukünftige Trends im Community Outreach und Agenda Setting...

Die kommenden Jahre werden in der Gesundheitsbildung durch Schlüsselthemen geprägt sein, die die Fachkompetenzen und gesellschaftliche Relevanz der Gesundheitsfachberufe maßgeblich beeinflussen werden. Diese Trends sind nicht nur Innovationen; sie sind Wegweiser für eine zukunftsorientierte Ausbildung und einen nachhaltigen Community Outreach.

Über was wir so im eingangs erwähnten *Innovation Hub*, Gebäude 54, Raum 0.15 nachdenken, zeigen die folgenden Kapitel.

6.3.1 ... für Schulen für Anästhesietechnische und Operationstechnische Assistenten (ATA und OTA)

- *Patientensicherheit und Infektionsprävention im OP-Bereich:* Anästhesie- und Operationstechnische Assistenten sind entscheidend für die Einhaltung von Sicherheitsstandards und Hygienevorschriften. Öffentlichkeitsarbeit könnte betonen, wie diese Berufsgruppen zur Patientensicherheit beitragen und die Bedeutung ihrer Arbeit hervorheben.

- *Prävention und Umgang mit Notfallsituationen im OP:* ATA und OTA müssen auf Notfälle vorbereitet sein und eine schnelle Reaktionsfähigkeit besitzen. Schulen könnten durch gezielte Kommunikation die Bedeutung der Notfallvorbereitung und -bewältigung im OP unter-streichen.

- *Technologische Entwicklungen und ihre Anwendung im OP:* Der Einsatz von Robotik und anderen modernen Technologien wird im OP-Bereich immer relevanter. ATA- und OTA-Schulen könnten durch Agenda Setting die Bedeutung einer technologieorientierten Ausbildung hervorheben, um den Umgang mit innovativen Systemen zu gewährleisten.

6.3.2 ... für Diätassistenz-Schulen

- *Ernährung im Kontext von Volkskrankheiten:* Die Rolle der Ernährung bei der Prävention und Behandlung chronischer Erkrankungen wie Diabetes und Herz-Kreislauf-Problemen ist unbestreitbar. Ausbildungsstätten für Diätassistenten könnten durch Agenda Setting auf den Zusammenhang zwischen Ernährungsberatung und Krankheitsprävention aufmerksam machen. Die *Deutsche Gesellschaft für Ernährung (DGE)* bietet wertvolle Ressourcen und Studien für die Bildung in diesem Bereich.[72]

- *Ernährungsberatung für spezifische Bevölkerungsgruppen:* Diätassistenten werden zunehmend darin geschult, Menschen aus verschiedenen Altersgruppen und kulturellen Hintergründen mit spezifischen Ernährungsbedürfnissen zu beraten. Schulen können durch Agenda Setting auf die Bedeutung dieser spezialisierteren Ausbildung hinweisen. Materialien und Weiterbildungen hierzu sind bei der *Deutschen Akademie für Ernährungsmedizin (DAEM)* verfügbar.[73]

- *Nachhaltige und pflanzenbasierte Ernährung:* Die Nachfrage nach nachhaltigen Ernährungsformen steigt stetig, und Diätassistenten müssen auf diese Entwicklung vorbereitet sein. Schulen können durch Öffentlichkeitsarbeit und Veranstaltungen die Relevanz von Wissen über nachhaltige Ernährungsmethoden hervorheben und so das Thema in den gesellschaftlichen Diskurs integrieren. Der *Bund Ökologische Lebensmittelwirtschaft (BÖLW)* stellt hierzu umfangreiche Materialien bereit.[74]

---

[72] Online im WWW: https://www.dge.de/.
[73] Online im WWW: https://daem.de/.
[74] Online im WWW: https://www.boelw.de/.

6.3.3   … für Schulen für Ergotherapie

- *Ergotherapie und Inklusion in Bildungseinrichtungen:* Ergotherapeuten können entscheidend dazu beitragen, die Inklusion von Kindern mit besonderen Bedürfnissen in Schulen und Kindergärten zu fördern. Öffentlichkeitsarbeit könnte die Bedeutung dieser Unterstützung betonen und auf die gesellschaftliche Relevanz der Ergotherapie in Bildungskontexten aufmerksam machen.

- *Ergotherapie zur Förderung der Selbstständigkeit im Alter:* Angesichts der alternden Bevölkerung wird die Förderung der Selbstständigkeit im Alltag immer wichtiger. Schulen für Ergotherapie könnten auf Programme hinweisen, die speziell auf die Bedürfnisse älterer Menschen zugeschnitten sind und ihre Lebensqualität verbessern.

- *Therapie bei chronischen Erkrankungen:* Ergotherapeuten spielen eine wichtige Rolle in der Begleitung von Menschen mit chronischen Erkrankungen wie rheumatoider Arthritis. Durch Agenda Setting könnten Schulen das Bewusstsein für die vielseitige Unterstützung durch Ergotherapie stärken und gezielte Behandlungsansätze fördern.

6.3.4   … für verantwortliche Praxiseinrichtungen der

Hebammen-Studiengänge

- *Förderung der natürlichen Geburt:* Hebammen könnten durch Agenda Setting die Vorteile einer natürlichen Geburt hervorheben und auf ihre Rolle als Begleiterinnen dieses Prozesses aufmerksam machen, um eine informierte Wahl für werdende Eltern zu unterstützen.

- *Mental Health und Schwangerschaft:* Psychische Gesundheit während und nach der Schwangerschaft ist ein wichtiges Thema, das durch gezielte Öffentlichkeitsarbeit von Hochschulen und verantwortlichen Praxiseinrichtungen gestärkt werden könnte. Dies sensibilisiert für die Herausforderungen, die werdende und junge Mütter erleben, und positioniert Hebammen als erste Ansprechpartnerinnen.

- *Kulturelle Kompetenz in der Geburtsbegleitung:* Angesichts kultureller Diversität wird die Anpassung der Betreuung an unterschiedliche kulturelle und religiöse Hintergründe immer wichtiger. Hochschulen und verantwortliche Praxiseinrichtungen könnten auf die Bedeutung interkultureller Kompetenzen in der Hebammenausbildung hinweisen.

6.3.5 ... für Logopädie-Schulen

- *Logopädie bei Sprachentwicklungsstörungen im Kindesalter:* Schulen für Logopädie könnten gezielt auf die Bedeutung früher sprachlicher Förderung aufmerksam machen und das Bewusstsein für Logopädie als präventive Maßnahme im Kindesalter stärken.

- *Logopädie und Demenz:* Die Rolle der Logopädie in der Unterstützung von Demenzerkrankten ist noch wenig bekannt. Durch Agenda Setting könnten Schulen den Wert der logopädischen Unterstützung zur Verbesserung der Kommunikation und Lebensqualität von Demenzpatienten betonen.

- *Unterstützung bei Stimmstörungen für berufliche Sprecher:* Viele Berufe erfordern intensive Stimmbelastung. Schulen könnten auf die Relevanz der logopädischen Therapie bei Stimmstörungen für Lehrer, Sprecher und andere Berufstätige aufmerksam machen.

6.3.6   … für Schulen für Medizinische Technologen für Funktionsdiagnostik (MTF)

- *Diagnostik von Herz-Kreislauf-Erkrankungen:* MTF sind für die Durchführung kardiovaskulärer Diagnostikverfahren verantwortlich. Schulen könnten durch Agenda Setting die Wichtigkeit der Herz-Kreislauf-Diagnostik und der entsprechenden Ausbildung hervorheben.

- *Frühdiagnostik und Prävention bei Atemwegserkrankungen:* Atemwegserkrankungen sind häufig und erfordern spezifische diagnostische Kompetenzen. Schulen könnten auf die Rolle der MTF in der Erkennung und Prävention von Atemwegserkrankungen aufmerksam machen.

- *Neurologische Funktionsdiagnostik:* MTF unterstützen die neurologische Diagnostik durch EEG und andere Verfahren. Öffentlichkeitsarbeit könnte auf die Bedeutung dieser Techniken für die Diagnostik neurologischer Erkrankungen hinweisen.

6.3.7 ... für Schulen für Medizinische Technologen für Laboratoriumsanalytik (MTL)

- *Diagnostik von Infektionskrankheiten:* Die Bedeutung der Labordiagnostik zur Erkennung und Bekämpfung von Infektionskrankheiten hat in den letzten Jahren stark zugenommen. Schulen könnten durch Agenda Setting die Wichtigkeit dieser Kompetenz für den Gesundheitsschutz hervorheben.

- *Qualitätsmanagement in der Laborarbeit:* Um die Zuverlässigkeit diagnostischer Ergebnisse sicherzustellen, sind strenge Qualitätsstandards erforderlich. Schulen könnten auf die Bedeutung des Qualitätsmanagements und die Rolle der MTL in der Einhaltung dieser Standards aufmerksam machen.

- *Blutbankmanagement und Transfusionsmedizin:* MTL sind für die Vorbereitung und Überwachung von Blutprodukten verantwortlich. Durch gezielte Öffentlichkeitsarbeit könnten Schulen die Wichtigkeit dieser Aufgabe für die Sicherheit von Patienten verdeutlichen.

6.3.8 ... für Schulen für Medizinischen Technologen für Radiologie (MTR)

- *Strahlenschutz und Sicherheitstechnologien:* Mit der fortschreitenden Entwicklung der bildgebenden Verfahren wird das Wissen über Strahlenschutz immer wichtiger. Schulen für Medizinische Technologen für Radiologie könnten durch Agenda Setting die Bedeutung eines umfassenden Verständnisses für Strahlensicherheit in der Ausbildung betonen. Die *Deutsche Röntgengesellschaft (DRG)* bietet wertvolle Richtlinien und Ressourcen zur Integration dieses Themas in die Ausbildung.[75]

- *KI-gestützte Bildanalyse:* Die künstliche Intelligenz (KI) revolutioniert die Radiologie, indem sie die Bildanalyse beschleunigt und präzisiert. Schulen können durch gezielte Kampagnen und Kooperationen mit Forschungseinrichtungen den Einzug von KI und Machine Learning in die Ausbildung fördern. Diese Entwicklungen werden in der *European Society of Radiology (ESR)* umfassend beleuchtet und bieten eine Grundlage für die Integration in die Ausbildung.[76]

- *Patientenkommunikation und Aufklärung:* Der direkte Kontakt und die Kommunikation mit Patienten ist ein entscheidender Faktor für medizinische Technologen. Themen wie Angstbewältigung und Aufklärung über diagnostische Verfahren gewinnen zunehmend an Bedeutung. Die Ausbildung sollte auf diese Bedürfnisse eingehen und die Kommunikation als festen Bestandteil verankern. Hilfestellungen und Schulungsunterlagen bietet das *Deutsche Netzwerk Evidenzbasierte Medizin e.V. (DNEbM).*[77]

---

[75]   Online im WWW: https://www.drg.de/.

[76]   Online im WWW: https://www.myesr.org/.

[77]   Online im WWW: https://www.ebm-netzwerk.de/de.

6.3.9 ... für Schulen für Orthoptik

- *Früherkennung von Sehstörungen im Kindesalter:* Orthoptisten spielen eine wichtige Rolle bei der Früherkennung und Behandlung von Sehschwächen. Schulen könnten die Bedeutung dieser Arbeit hervorheben und auf die Vorteile einer rechtzeitigen Erkennung von Sehstörungen hinweisen.

- *Therapie von Sehstörungen bei neurologischen Erkrankungen:* Bei neurologischen Erkrankungen wie Schlaganfall können spezifische Sehprobleme auftreten. Schulen könnten das Bewusstsein für die Bedeutung der Orthoptik in der Rehabilitation neurologisch bedingter Sehstörungen stärken.

- *Alterssichtigkeit und Augengesundheit im Alter:* Angesichts des demografischen Wandels ist die Prävention und Behandlung von Alterssichtigkeit zunehmend gefragt. Schulen für Orthoptik könnten darauf aufmerksam machen, wie Orthoptisten zur Augengesundheit im Alter beitragen können.

6.3.10 ... für Pflegeschulen

- *Digitalisierung und Pflege 4.0:* Die Einführung digitaler Technologien ist längst keine Zukunftsmusik mehr, sondern eine Voraussetzung für die Wettbewerbsfähigkeit im Gesundheitswesen. Pflegeschulen könnten durch gezielte Medienkampagnen auf die Bedeutung der digitalen Transformation hinweisen. Neue Technologien erfordern neue Kompetenzen, die bereits während der Ausbildung vermittelt werden müssen.

- *Fachkräftemangel und Nachwuchsförderung:* Ein brisantes Thema, das durch Agenda Setting an Relevanz gewinnt: der Mangel an Pflegekräften. Schulen können durch öffentliche Kampagnen und gezielte Kommunikation den politischen Druck erhöhen und gleichzeitig Lösungen wie innovative Ausbildungsmodelle oder praxisnahe Schulungen vorschlagen.

- *Mentale Gesundheit und Resilienz im Gesundheitswesen:* In Anbetracht der zunehmenden Belastungen im Pflegeberuf ist die Förderung der psychischen Gesundheit ein vordringliches Thema, das Pflegeschulen aktiv gestalten sollten. Die durch die Pandemie verstärkten Belastungen haben die Bedeutung mentaler Resilienz für Pflegekräfte deutlicher denn je hervorgehoben. Der wachsende Arbeitsdruck und die emotionalen Herausforderungen, die den Pflegealltag prägen, verlangen, dass psychische Gesundheit und Resilienz als essenzielle Bestandteile in die Ausbildung integriert werden.

Gezielte Outreach-Programme können nicht nur die Auszubildenden, sondern auch die breitere Öffentlichkeit für die Wichtigkeit mentaler Gesundheit sensibilisieren. Gleichzeitig eröffnet Agenda Setting eine wirksame Plattform, um auf politischer Ebene notwendige Unterstützung und Förderungen für langfristige Programme zur Stärkung der psychischen Gesundheit in der Pflege zu erreichen. Durch gezielte Agenda Setting-Initiativen können

Schulen ihre Rolle als Wegbereiter für nachhaltige Programme zur mentalen Unterstützung ausbauen und so maßgeblich dazu beitragen, das gesellschaftliche Bewusstsein für die Resilienz und das Wohlbefinden der Pflegekräfte zu schärfen.

- *Nachhaltigkeit und Green Health:* Ein gesundes Gesundheitssystem erfordert ein gesundes Umfeld – Nachhaltigkeit im Gesundheitswesen ist deshalb kein Luxus, sondern Notwendigkeit. Pflegeschulen können Initiativen ins Leben rufen, die einen ökologisch bewussten Ansatz fördern, sei es durch ressourcenschonende Praktiken, emissionsarme Technologien oder ein Bewusstsein für den ökologischen Fußabdruck im Alltag der Pflegekräfte. Gleichzeitig lässt sich über Agenda Setting das Thema „Green Health" in der gesellschaftlichen und politischen Debatte platzieren und so eine langfristige Transformation anstoßen.[78]

6.3.11 … für Schulen für Pharmazeutisch-technische Assistenten (PTA)

- *Beratung zur Wechselwirkung von Medikamenten:* PTAs sind oft die erste Anlaufstelle für Fragen zur Medikamentensicherheit. Schulen könnten auf die Bedeutung dieser Beratungsfunktion und die Notwendigkeit einer fundierten Ausbildung hinweisen.

---

[78] Die *Global Green and Healthy Hospitals (GGHH)* bieten hilfreiche Leitfäden und Fallstudien für nachhaltige Gesundheitsinitiativen. Online im WWW: https://greenhospitals.org/.

- *Verantwortung für Arzneimittelsicherheit:* Die korrekte Abgabe und sichere Anwendung von Medikamenten sind zentrale Aufgaben von PTAs. Schulen könnten durch Agenda Setting die Relevanz dieser Tätigkeiten und die Anforderungen an PTAs für eine sichere Gesundheitsversorgung betonen.

- *Beratung zu pflanzlichen und alternativen Heilmitteln:* Die Nachfrage nach alternativen Heilmitteln steigt. PTAs können durch gezielte Ausbildung Patienten über den Einsatz und die Grenzen pflanzlicher Arzneimittel aufklären. Öffentlichkeitsarbeit könnte hier die zunehmende Relevanz dieses Beratungsbereichs unterstützen.

6.3.12 ... für Physiotherapie-Schulen

- *Digitalisierung in der Physiotherapie:* Mit dem Einzug digitaler Technologien wie Teletherapie und Bewegungsanalyse-Apps verändert sich die Physiotherapie grundlegend. Pflegeschulen und Ausbildungsstätten für Physiotherapie können durch gezielte Medienkampagnen auf die Vorteile digitaler Ansätze hinweisen und damit nicht nur den Zugang zur Physiotherapie verbessern, sondern auch deren Effizienz steigern. *Physio Deutschland - Deutscher Verband für Physiotherapie e. V.* bietet weiterführende Informationen und Fallstudien zur Digitalisierung in der Physiotherapie.[79]

---

[79] Online im WWW: https://www.physio-deutschland.de/landingpage-neu.html.

- *Schmerztherapie und Rehabilitation:* Die Schmerzlinderung und Wiederherstellung von Beweglichkeit sind zentrale Aufgaben der Physiotherapie. Schulen könnten durch gezielte Öffentlichkeitsarbeit das Bewusstsein für neue und wirksame Behandlungsmethoden fördern und den Fokus auf die Bedeutung spezialisierter Schmerztherapie legen. Die *Deutsche Gesellschaft für Schmerzmedizin e.V. (DGS)* liefert Studien und Empfehlungen, die in der Ausbildung verankert werden können.[80]

- *Behandlung und Prävention von Bewegungsstörungen im Alter:* Angesichts des demografischen Wandels sind Physiotherapeuten zunehmend gefordert, spezifische Methoden zur Prävention und Behandlung von altersbedingten Bewegungseinschränkungen zu beherrschen. Schulen können hierauf durch eigene Initiativen und gezielte Kommunikation aufmerksam machen und zugleich die Bedeutung der Physiotherapie für eine alternde Gesellschaft betonen.

Schauen wir jetzt abschließend einmal kurz nach *Österreich*, wo man weitere gesetzlich geregelte Gesundheitsberufe kennt, deren Berufsbilder die Umsetzung von Maßnahmen zur Obsorge für den allgemeinen Gesundheitszustand der Bevölkerung umfassen.

---

[80] Online im WWW: https://www.dgschmerzmedizin.de/.

6.3.13 ... für Medizinphysiker

Die Rolle der Medizinphysiker ist entscheidend für die sichere und präzise Anwendung medizinischer Bildgebung und Strahlentherapie. Community Outreach und Agenda Setting können dazu beitragen, das Verständnis für diesen hochspezialisierten Beruf zu fördern und dessen Bedeutung im Gesundheitswesen stärker in den öffentlichen Diskurs zu bringen.

- *Strahlenschutz und Patientensicherheit:* Medizinphysiker spielen eine wesentliche Rolle im Strahlenschutz. Öffentlichkeitsarbeit könnte hier ansetzen, um die Bedeutung des Strahlenschutzes für Patienten und Mitarbeiter in der Gesundheitsversorgung hervorzuheben und über Maßnahmen zur sicheren Anwendung von Strahlen in der Diagnostik und Therapie zu informieren.

- *Technologische Innovationen in der Bildgebung:* Die Medizinphysik trägt kontinuierlich zur Entwicklung und Verbesserung bildgebender Verfahren wie MRT und CT bei. Outreach-Projekte könnten Schulen dabei unterstützen, auf den Fortschritt in der Bildgebung aufmerksam zu machen und potenzielle Nachwuchskräfte für technologische Innovationen in der Medizinphysik zu begeistern.

- *Interdisziplinäre Zusammenarbeit in der Strahlentherapie:* In der Strahlentherapie arbeiten Medizinphysiker eng mit Onkologen und Radiologen zusammen, um die bestmögliche Versorgung der Patienten sicherzustellen. Durch Agenda Setting können Schulen auf die Bedeutung dieser interdisziplinären Zusammenarbeit aufmerksam machen und so das Interesse am Beruf wecken.

6.3.14 ... für Musiktherapeuten

Musiktherapeuten nutzen die Kraft der Musik zur Förderung des emotionalen und körperlichen Wohlbefindens von Patienten. Community Outreach kann hier dazu beitragen, die breite Wirksamkeit der Musiktherapie aufzuzeigen und deren Stellenwert in der Gesundheitsversorgung hervorzuheben.

- *Therapeutische Wirkung von Musik bei psychischen Erkrankungen:* Musiktherapie wird erfolgreich zur Behandlung von Depressionen, Angstzuständen und Traumafolgen eingesetzt. Outreach-Initiativen könnten die Erfolge der Musiktherapie im Umgang mit psychischen Erkrankungen und deren langfristige Wirksamkeit für die mentale Gesundheit kommunizieren und so das Bewusstsein für diese Therapiemethode stärken.

- *Einsatz in der Schmerztherapie und Rehabilitation:* Musiktherapie zeigt auch in der Schmerztherapie und bei neurologischen Rehabilitationsmaßnahmen positive Effekte. Outreach-Projekte könnten die Wirkung der Musiktherapie bei Patienten mit chronischen Schmerzen oder nach Schlaganfällen in den Fokus rücken und die Ausbildung in dieser Methode für Nachwuchskräfte attraktiv gestalten.

- *Förderung emotionaler Resilienz bei Langzeitpatienten:* Musiktherapie kann eine wichtige Rolle für die emotionale Stabilität von Langzeitpatienten spielen. Projekte könnten hier ansetzen, um die therapeutische Bedeutung der Musik für das Wohlbefinden von Patienten in der Öffentlichkeit zu verankern.

6.3.15 ... für Obduktionsassistenz

Die Obduktionsassistenz, ein Beruf, der in Österreich zentral im Bereich der forensischen und klinischen Medizin verankert ist, wird zunehmend in seiner Bedeutung für die medizinische Forschung und Aufklärung anerkannt. Outreach und Agenda Setting können dazu beitragen, die Relevanz der Obduktionsassistenz stärker ins öffentliche Bewusstsein zu bringen.

- *Beitrag zur medizinischen Forschung:* Obduktionsassistenten liefern essenzielle Erkenntnisse für die Erforschung von Krankheitsursachen. Outreach-Initiativen könnten die Bedeutung ihrer Arbeit für die wissenschaftliche Forschung in der Öffentlichkeit verdeutlichen und so das Interesse an der Ausbildung steigern.

- *Rolle in der öffentlichen Gesundheitsaufklärung:* In Zusammenarbeit mit Gerichtsmedizin und öffentlichen Gesundheitsämtern tragen Obduktionsassistenten zur Aufklärung und Prävention von Gesundheitsrisiken bei. Durch gezielte Öffentlichkeitsarbeit könnte der Beruf als ein wesentlicher Beitrag zur öffentlichen Gesundheitsförderung dargestellt werden.

- *Förderung der interdisziplinären Zusammenarbeit:* Die Zusammenarbeit mit Pathologen, Rechtsmedizinern und Gesundheitsbehörden ist ein wesentlicher Bestandteil der Obduktionsassistenz. Agenda Setting kann hier genutzt werden, um das Berufsbild und seine Rolle im komplexen Netzwerk des Gesundheitswesens hervorzuheben.

6.3.16 … zur Unterstützung der Patienten- und Angehörigenedukation

Ein modernes und zukunftsgerichtetes Gesundheitssystem kann durch gezielte Community Outreach-Projekte und strategisches Agenda Setting aktiv die Qualität für Patienten verbessern. Diese Kernaufgabe ist nicht nur ein essenzieller Bestandteil des Berufsprofils, sondern bietet auch Potenzial für kreative und wirkungsvolle Outreach-Programme, die Fachkräfte und Einrichtungen bei der Umsetzung ihrer beruflichen Verpflichtungen unterstützen. Indem Community Outreach gezielt daraufhin ausgerichtet wird, kann das Gesundheitswesen an Qualität, Professionalität und gesellschaftlicher Bindung gewinnen.

Gezielte Outreach-Projekte, die auf die Edukation von Patienten und ihren Angehörigen abzielen, tragen zur Selbstwirksamkeit und Gesundheitskompetenz der Betroffenen bei. Diese Projekte können durch öffentliche Informationskampagnen, Workshops und leicht zugängliche Ressourcen – online und offline – gestaltet werden. Beispiele für wirksame Outreach-Programme sind:

- *Patienten und Webinare:* Regelmäßig stattfindende Online- oder Präsenzworkshops zu Themen wie Schmerzmanagement, Umgang mit chronischen Erkrankungen oder postoperativer Pflege bieten Patienten und Angehörigen die Möglichkeit, sich umfassend zu informieren und praktische Fähigkeiten zu erlernen.

- *Aufklärungsmaterialien in verständlicher Sprache:* Infografiken, Videos und Broschüren zu häufigen gesundheitlichen Themen, die in Wartebereichen, Kliniken und online bereitgestellt werden, können Patienten und Angehörige schrittweise in den Umgang mit verschiedenen

Krankheitsbildern einführen. Warum nicht auch in „leichter Sprache"?

- *Peer-to-Peer-Unterstützungsgruppen:* Durch die Schaffung von Netzwerken für Patienten und Angehörige mit ähnlichen Erfahrungen können Gesundheitsberufe eine Plattform für den Austausch schaffen, die den Heilungsprozess unterstützt und das Wohlbefinden fördert. Outreach-Projekte, die solche Peer-Gruppen initiieren, tragen dazu bei, dass Betroffene von der praktischen Erfahrung anderer lernen.

Durch solche gezielten Outreach-Initiativen werden die Patienten zu einem aktiven Teil des Gesundheitswesens, der deren Eigenverantwortung und die Kompetenz der Gesellschaft stärkt und die Angehörigen aktiv in den Genesungsprozess integriert.

6.3.17 … zur Förderung der Praxisanleitung und klinischen Ausbildung von Auszubildenden

Die Praxisanleitung und die Ausbildung von Auszubildenden sind zentrale Aufgaben, die durch gezielte Agenda Setting-Maßnahmen öffentlich und politisch unterstützt werden können. Projekte, die Praxisanleitung und Ausbildung im „clinical setting" fördern, bieten den Auszubildenden die Möglichkeit, theoretisches Wissen direkt in die Praxis zu überführen und unter fachlicher Anleitung erste Erfahrungen zu sammeln. Ideen zur Unterstützung dieser Aufgaben umfassen:

- *Politische Kampagnen zur Anerkennung und Aufwertung der Praxisanleitung:* Indem Agenda Setting darauf abzielt, die

Bedeutung der Praxisanleitung in den Fokus der Öffentlichkeit und Politik zu rücken, wird die wertvolle Arbeit der freigestellten und nicht-freigestellten Praxisanleiter anerkannt und eine finanzielle sowie strukturelle Unterstützung sichergestellt. Initiativen, die durch Kooperationen mit Bildungseinrichtungen und politischen Gremien umgesetzt werden, fördern das Ansehen und die Qualität der klinischen Ausbildung.

- *Präsentation erfolgreicher Praxisanleitungsmodelle:* Community Outreach kann genutzt werden, um Best-Practice-Modelle der Praxisanleitung und klinischen Ausbildung zu präsentieren, die als Vorbilder für andere Institutionen dienen können. Veranstaltungen wie „Tag der offenen Tür" oder klinikinterne Präsentationen zeigen auf, wie eine gelungene Praxisanleitung aussehen kann.

- *Online-Lernplattformen für angeleitete Praxis:* Digitale Plattformen können als zusätzliche Ressource dienen, auf denen Auszubildende und Praxisanleiter Zugang zu interaktiven Fallstudien, Video-Tutorials und Experten-Talks erhalten. Diese Plattformen bieten Raum für praxisrelevante Fragen und den Austausch unter Auszubildenden und Anleitern.

Durch diese Maßnahmen wird die Rolle der Praxisanleitung als wichtiger Teil der Ausbildung hervorgehoben, was nicht nur die Ausbildungsqualität verbessert, sondern auch zur Anerkennung der Anleitenden beiträgt.

6.3.18 ... zur Förderung von Fortbildung und beruflicher Weiterentwicklung

Die kontinuierliche Fortbildung und berufliche Weiterentwicklung sind nicht nur essenzielle Bestandteile des Berufsfeldes, sondern auch verpflichtend für Angehörige der Gesundheitsberufe. Community Outreach und Agenda Setting bieten vielseitige Ansätze, um die Fortbildungspflicht zu unterstützen und das Bewusstsein für die Bedeutung der beruflichen Weiterbildung zu stärken. Mögliche Projekte umfassen:

- *Fortbildungs-Events und „Hands-on"-Workshops:* Outreach-Projekte, die regelmäßig Fortbildungsangebote in Form von Workshops, Vorträgen und Seminaren veranstalten, bieten Fachkräften eine praktische und interaktive Möglichkeit zur Wissensvertiefung. Dies fördert die berufliche Kompetenz und regt zur aktiven Teilnahme an der beruflichen Weiterentwicklung an.

- *Kooperation mit Forschungseinrichtungen für den Wissenstransfer:* Durch Agenda Setting können Partnerschaften mit Hochschulen und Forschungseinrichtungen gefördert werden, um neueste wissenschaftliche Erkenntnisse direkt in die Fortbildung von Fachkräften einfließen zu lassen. Regelmäßige Gastvorträge und Forschungsupdates schaffen ein innovatives Umfeld, das zur Weiterentwicklung der Berufe beiträgt.

- *Digitale Fortbildungsportale:* Ein Outreach-Projekt könnte eine digitale Plattform bereitstellen, die Fachkräften Zugang zu Webinaren, Online-Kursen und aktuellen wissenschaftlichen Publikationen ermöglicht. Eine solche Plattform könnte als zentrale Wissensressource dienen, die die kontinuierliche berufliche Fortbildung flexibel und umfassend unterstützt.

Durch gezielte Maßnahmen im Community Outreach, die auf die berufliche Weiterbildung abzielen, wird die Fortbildungspflicht nicht nur erleichtert, sondern auch als wertvolles Element für die Weiterentwicklung der Gesundheitsberufe verankert.

6.4 Medienarbeit: Der direkte Draht zur Öffentlichkeit

Die Medienarbeit ist das Rückgrat jeder erfolgreichen Agenda Setting-Strategie – ein unverzichtbares Instrument, um Themen nicht nur publik zu machen, sondern langfristig die öffentliche Meinung zu prägen. Gerade in Deutschland, wo die Medienlandschaft geprägt ist von einer Vielfalt regionaler und überregionaler Nachrichtenformate, kann gezielte Medienarbeit eine enorme Reichweite und nachhaltige Wirkung entfalten. Pflegeschulen und Schulen für Gesundheitsfachberufe, die die Medien als Partner verstehen, können durch strategische Zusammenarbeit ihre gesellschaftliche Relevanz unterstreichen und ihren Bildungsauftrag in den öffentlichen Diskurs einbringen.

1. *Pressemitteilungen als Sprachrohr der Institution:* Die Pressemitteilung ist ein bewährtes Mittel, um aktuelle Entwicklungen und Themen zu lancieren und gezielt Aufmerksamkeit zu schaffen. Im deutschen Kontext, in dem Tageszeitungen, Fachmagazine und Online-Medien eine starke Rolle spielen, kann eine gut formulierte Pressemitteilung den entscheidenden Anstoß geben, um ein Thema prominent zu platzieren. Dabei gilt es, eine klare

Botschaft zu formulieren, die sowohl informativ als auch fesselnd ist. Der Schlüssel zum Erfolg liegt in der thematischen Relevanz und Aktualität: Ob es sich um den Fachkräftemangel, digitale Transformation in der Pflege oder Präventionsprojekte handelt – eine relevante und gut konzipierte Pressemitteilung hat das Potenzial, in den Nachrichtenredaktionen Gehör zu finden.

2. *Strategische Medienpartnerschaften – Kontinuität und Tiefe:* Langfristige Medienpartnerschaften gehen über das bloße Verfassen von Pressemitteilungen hinaus. Hier wird der Grundstein für eine dauerhafte Präsenz im öffentlichen Bewusstsein gelegt. Indem Schulen gezielt Kooperationen mit etablierten Medien eingehen – von regionalen Zeitungen über Fachjournale bis hin zu reichweitenstarken Online-Portalen – können sie sicherstellen, dass ihre Themen kontinuierlich und tiefgehend vermittelt werden. Für Gesundheitsfachberufe sind insbesondere Partnerschaften mit Fachmedien wie der *Ärzte Zeitung*, *Pflegezeitschrift* oder der *Deutschen Medizinischen Wochenschrift* wertvoll. Diese bieten eine Plattform, um spezifische Entwicklungen und Innovationen zu präsentieren und Expertenmeinungen aus der Praxis einzubringen.

3. *Fachartikel und Gastbeiträge – Expertise zeigen:* Gesundheitsfachschulen können sich durch das Verfassen von Fachartikeln und Gastbeiträgen in einflussreichen Medien als Experten positionieren. In Deutschland gibt es eine Vielzahl von Fachzeitschriften und -portalen, die gezielt nach fundierten, praxisnahen Beiträgen suchen. Ein gut platzierter Artikel in einer anerkannten Publikation, wie *Das*

Gesundheitswesen oder *Pflege aktuell*, verleiht Themen wie psychischer Gesundheit im Pflegeberuf oder digitaler Transformation eine fundierte Stimme und etabliert die Schule als kompetenten Ansprechpartner. Fachartikel ermöglichen es zudem, Themen mit wissenschaftlicher Tiefe zu behandeln und so auch politische Entscheidungsträger anzusprechen.

4. *Persönliche Interviews und Hintergrundgespräche – Vertrauen schaffen:* Interviews und Hintergrundgespräche mit Redakteuren bieten eine wertvolle Gelegenheit, Beziehungen zu Journalisten aufzubauen und Vertrauen zu schaffen. Schulen für Gesundheitsfachberufe können auf diese Weise persönliche Kontakte zu Redakteuren knüpfen und sie für die spezifischen Herausforderungen des Pflegebereichs sensibilisieren. Besonders in Deutschland, wo Redakteure großen Wert auf fundierte Informationen und authentische Geschichten legen, bieten persönliche Gespräche die Möglichkeit, das Verständnis für den Pflegeberuf zu vertiefen und das Netzwerk für zukünftige Veröffentlichungen auszubauen.

5. *Storytelling – Emotionen wecken und Identifikation schaffen:* Um Themen nachhaltig in der öffentlichen Meinung zu verankern, ist es unerlässlich, eine emotionale Bindung zu schaffen. *Storytelling* ist hierbei ein kraftvolles Werkzeug: Durch die Erzählung von persönlichen Erfolgsgeschichten oder Schilderungen herausfordernder Alltagssituationen werden abstrakte Themen lebendig und greifbar. Eine gut erzählte Geschichte, etwa über eine angehende Pflegekraft, die durch ihre Ausbildung zur Resilienz gefunden hat, oder über die positiven Effekte digitaler

Hilfsmittel in der Physiotherapie, kann nicht nur Aufmerksamkeit generieren, sondern auch Identifikation und Empathie in der Leserschaft wecken – mehr dazu finden Sie in Kapitel 6.6.

6. *Regionale Medienarbeit – Die lokale Verbundenheit stärken:* In Deutschland spielt die regionale Presse eine besonders wichtige Rolle, da viele Menschen ihre Informationen bevorzugt aus lokalen Quellen beziehen. Gesundheitsfachschulen sollten die Bedeutung lokaler Medien nicht unterschätzen und gezielt auf diese zugehen. Regionale Tageszeitungen, lokale Radiosender und Stadtmagazine bieten eine hervorragende Plattform, um die Themen der Schule in die unmittelbare Umgebung zu tragen und das Vertrauen der regionalen Gemeinschaft zu stärken. Lokale Medienarbeit macht die Schule nicht nur in ihrer Region bekannter, sondern verankert sie auch als einen relevanten Akteur für die regionale Gesundheitsversorgung.

7. *Kontakte zu Journalisten pflegen:* Eine gute Beziehung zu Journalisten und Redaktionen ist Gold wert. Schulen können Journalisten zu exklusiven Veranstaltungen einladen oder Hintergrundinformationen bieten, um ihr Fachwissen als vertrauenswürdige Informationsquelle zu etablieren. Die *Deutsche Presse-Agentur (dpa)* bietet Schulungen und Netzwerke, um diese Fähigkeiten zu schärfen.

8. *Social Media als moderne Ergänzung zur klassischen Medienarbeit:* Social Media bietet die Möglichkeit, Themen unmittelbar und zielgruppenspezifisch zu platzieren. Plattformen wie *LinkedIn, Twitter* und *Instagram* erlauben

es, Inhalte flexibel und ansprechend zu präsentieren. Schulen für Gesundheitsfachberufe können durch gezielte Social-Media-Kampagnen zusätzlich zur klassischen Pressearbeit direkt mit der Öffentlichkeit in Kontakt treten und ihre Themen in Echtzeit präsentieren. Gerade jüngere Zielgruppen, wie angehende Pflegekräfte, lassen sich auf diesen Wegen besser erreichen und gezielt ansprechen: Auch wenn Sie persönlich mit *TikTok* vielleicht nichts anfangen können: Ihre Zielgruppe kann es. Durch die Interaktivität der sozialen Medien wird nicht nur informiert, sondern auch eine direkte und unmittelbare Interaktion mit der Community ermöglicht.

Medienarbeit im deutschen Gesundheitswesen bedeutet nicht nur, Informationen weiterzugeben, sondern eine langfristige Beziehung zur Öffentlichkeit aufzubauen und das Thema Pflege und Gesundheitsberufe nachhaltig in den gesellschaftlichen Diskurs zu integrieren. Erfolgreiche Medienarbeit vereint klassische Pressearbeit mit innovativem Storytelling und strategischen Partnerschaften und schafft es so, die Themen der Gesundheitsfachberufe auf eine breite, nachhaltige und positive Weise sichtbar zu machen. Die Kombination aus bewährten Formaten wie Pressemitteilungen und Fachartikeln, ergänzt durch soziale Medien und Storytelling, bildet die Grundlage einer umfassenden und wirksamen Agenda Setting-Strategie.

6.5 Netzwerkbildung: Beziehungen als Multiplikatoren nutzen

Pflegeschulen und Schulen für Gesundheitsfachberufe können durch Netzwerkbildung weitreichende Synergien schaffen, die ihre Reichweite und Wirksamkeit erheblich steigern. Netzwerke eröffnen Zugang zu strategischen Allianzen, die das Potenzial haben, pflegerelevante Themen in den politischen und gesellschaftlichen Fokus zu rücken und langfristige strukturelle Veränderungen anzustoßen. Der Aufbau starker Verbindungen zu politischen Entscheidungsträgern, sozialen Organisationen, Verbänden und anderen Bildungseinrichtungen kann daher als integraler Bestandteil einer nachhaltigen Agenda Setting-Strategie betrachtet werden. Der Mehrwert solcher Netzwerke liegt nicht nur in einer höheren Sichtbarkeit, sondern auch in der Möglichkeit, kollektive Ressourcen und Expertise zu bündeln und so gemeinsame Anliegen mit größerem Nachdruck zu vertreten.

Eine entscheidende Methode zur Verstärkung der eigenen Position im Pflegebereich ist die aktive Teilnahme an Fachgremien und Berufsverbänden. Durch die Mitgliedschaft in und das Engagement bei solchen Verbänden gewinnen Pflegeschulen Zugang zu einer etablierten Plattform, auf der sie pflegespezifische Themen mit anderen Akteuren diskutieren und durch gezielte Bündnisse stärken können. Die Teilnahme an derartigen Netzwerken bietet die Möglichkeit, durch einen regelmäßigen Austausch mit politischen Entscheidungsträgern aktiv in die Gestaltung der Pflegepolitik einzugreifen und so den langfristigen Wandel zu fördern. Die Vernetzung ermöglicht es Schulen, Einblicke in aktuelle Trends und politische Entwicklungen zu erhalten, die sie wiederum nutzen können, um Ausbildungsinhalte und Schulungsprogramme gezielt an zukünftige Bedarfe anzupassen.

Ein weiterer wesentlicher Vorteil liegt in der Zusammenarbeit mit *Nichtregierungsorganisationen (NGOs) und sozialen Initiativen*, die ihre Ziele teilen oder ergänzen. Solche Kooperationen bieten nicht nur die Chance, gesundheitsrelevante Themen einem breiten gesellschaftlichen Spektrum näherzubringen, sondern schaffen auch eine erhöhte Präsenz in der Öffentlichkeit durch die Verbindung verschiedener Kommunikationskanäle und Fachkompetenzen. Veranstaltungen, gemeinsame Pressekonferenzen oder gezielte Kampagnen verstärken die Wahrnehmung und lassen das Anliegen der Gesundheitsfachschulen mit höherer Relevanz und Dringlichkeit im öffentlichen Raum erscheinen.

Ein zusätzlicher Vorteil dieser Netzwerke liegt in der Möglichkeit, Ressourcen zu bündeln und kosteneffiziente Lösungen für Herausforderungen zu entwickeln, die eine einzelne Institution allein schwer bewältigen könnte. Durch die Vernetzung entsteht ein Pool an kollektiver Expertise, aus dem alle Mitglieder schöpfen können, um etwa spezifische Ausbildungsinhalte zu modernisieren, praxisorientierte Lösungen zu erarbeiten oder neue Technologien in der Pflegeausbildung zu erproben. Der Austausch in diesen Netzwerken schafft auch eine fortlaufende Lernkultur, in der Best-Practice-Ansätze, Wissen und innovative Ideen geteilt und weiterentwickelt werden können.

Indem Pflegeschulen und Schulen für Gesundheitsfachberufe ein umfassendes Netzwerk aufbauen, verstärken sie nicht nur ihre eigene Position, sondern leisten einen wertvollen Beitrag zur Weiterentwicklung der Gesundheitsberufe. Die strategische Verbindung und das kooperative Handeln mit anderen Akteuren etabliert Pflegeschulen als maßgebliche Gestalter im Gesundheitswesen, die nicht nur kurzfristige Anliegen, sondern auch langfristige Reformen und strukturelle Veränderungen nachhaltig beeinflussen können.

6.6   Storytelling oder die Kunst, Themen lebendig zu machen

In der Agenda Setting-Arbeit ist die emotionale Kraft des *Storytellings* ein essenzieller Hebel, um Aufmerksamkeit zu wecken und komplexe Themen einem breiten Publikum verständlich und greifbar zu machen.[81] Storytelling bedient sich persönlicher Geschichten und authentischer Beispiele, die eine direkte Verbindung zur Öffentlichkeit herstellen. Dies ermöglicht nicht nur die Vermittlung von Informationen, sondern auch die Förderung eines emotionalen Verständnisses und tieferer Wertschätzung für die Herausforderungen im Alltag von Pflegekräften. Dabei geht es nicht allein um das Erzählen, sondern darum, durch geschickte Narrative Bewusstsein und Empathie zu schaffen.

Ein durchdachtes Storytelling folgt dabei einigen entscheidenden Prinzipien:

- *Authentizität bewahren:* Die Wirkung von Geschichten hängt maßgeblich von ihrer Echtheit ab. Um Nähe herzustellen, sollten Geschichten unverfälscht und glaubwürdig sein. Die authentischen Erfahrungen aus dem Arbeitsalltag bilden eine wertvolle Quelle. Diese Erlebnisse spiegeln die Realität wider und machen die Belastungen, die Freude und auch die Herausforderungen, denen sich Pflegende und andere Gesundheitsfachberufe täglich stellen, für ein breiteres Publikum nachvollziehbar. Authentisches Storytelling schafft Vertrauen und lädt das Publikum ein, sich mit der

---

[81]   Vgl. dazu Petra Sammer: Storytelling. Strategien und Best Practices für PR und Marketing. 2., aktualisierte Auflage. Köln 2017; Thomas Pyczak: Tell me! Wie Sie mit Storytelling überzeugen. Für alle, die in Beruf, Marketing und PR erfolgreich sein wollen. Bonn 2017; Samira El Ouassil und Friedemann Karig: Erzählende Affen. Mythen, Lügen, Utopien. Wie Geschichten unser Leben bestimmen. Berlin 2021.

Welt der Gesundheitsfachberufe emotional zu verbinden. Hierin liegt auch die Möglichkeit, stereotype Vorstellungen zu überwinden und die anspruchsvolle Realität dieser Berufe darzustellen.

- *Visuelle Inhalte einsetzen:* Bilder und Videos verstärken die emotionale Ansprache und ermöglichen eine tiefere Verbindung zum Publikum. Visuelle Medien – sei es eine Fotostrecke aus dem Pflegealltag, Interviews mit Pflegekräften oder kurze Dokumentationen – geben Einblicke, die Worte oft nur schwer vermitteln können. Der gezielte Einsatz visueller Inhalte lässt das Publikum nicht nur zuschauen, sondern fördert ein intuitives Verständnis und Mitgefühl für die Herausforderungen und die Erfüllung, die diese Berufe mit sich bringen. So können etwa kurze Video-Dokumentationen das Publikum regelrecht „mitnehmen" und eine fast immersive Nähe erzeugen, die das Thema zu einer greifbaren Realität macht. Vgl. hierzu Kapitel 6.7.

- *Memes und Running Gags schaffen:* Um das Interesse auf eine besonders unterhaltsame und zeitgemäße Weise zu gewinnen, kann der Einsatz von Memes und wiederkehrenden Gags als „Leichterzähler" dienen. Running Gags, die markante und oft humorvolle Details aus dem Pflegealltag aufgreifen, bieten eine Möglichkeit, Themen mit Wiedererkennungswert zu verknüpfen und eine Verbindung zum Publikum aufzubauen. Solche Running Gags könnten typische Situationen und Herausforderungen im Pflegeberuf aufgreifen – wie das unauffindbare Stethoskop, das „Mittwoch ist Flur-Kaffeeklatsch"-Meme oder die beliebten „kurz vor Schichtende kommt noch ein Notfall"-Szenarien.

Diese humorvollen Darstellungen lockern die Inhalte auf und geben zugleich einen authentischen Einblick in die Realität der Berufe. Ein gut gewähltes Meme kann im besten Fall als Symbol für das Gemeinschaftsgefühl und die Verbundenheit in diesen Berufen stehen.

- *Emotional ansprechende Narrative entwickeln:* Storytelling kann von einer Vielzahl emotionaler Geschichten profitieren, die das Publikum auf tiefere Weise ansprechen, sei es durch bewegende Patientengeschichten, Berichte über den Lebensweg von Auszubildenden oder persönliche Erzählungen über besondere Momente im Berufsalltag. Geschichten, die Einblicke in das Leben und die Gedanken der Protagonisten gewähren, wecken nicht nur Interesse, sondern regen zum Nachdenken an und öffnen Türen zu einer neuen Perspektive auf das Berufsfeld. Emotionale Nähe und Verständnis fördern nicht nur die Aufmerksamkeit der Zuhörenden, sondern bereiten auch den Boden für eine langfristige Bindung an das Thema.

- *Narrative Zielgruppenorientiert anpassen:* Eine Geschichte entfaltet ihre Kraft am stärksten, wenn sie gezielt auf die jeweiligen Adressaten abgestimmt ist. Für Angehörige, politische Entscheidungsträger, Patienten oder potenzielle Auszubildende können unterschiedliche Aspekte der Gesundheitsfachberufe im Vordergrund stehen. Anpassung bedeutet hier nicht das Ändern der Wahrheit, sondern das Herausstellen spezifischer Facetten, die für die jeweilige Zielgruppe von Bedeutung sind. Die Fähigkeit, Inhalte flexibel und doch authentisch zu gestalten, erlaubt es, unterschiedliche Zielgruppen zu erreichen und eine breitere gesellschaftliche Resonanz zu erzeugen.

Ein wirksames Storytelling in der Agenda-Setting-Arbeit verbindet Information und Emotion zu einem starken Ganzen. Es geht darum, nicht nur gehört, sondern verstanden zu werden und letztlich das Bewusstsein für die Bedeutung und die Wertschätzung der Gesundheits- und Pflegeberufe nachhaltig in der Gesellschaft zu verankern.

6.7 Erfolg in Bildern: Visuelles Design für Outreach-Projekte

In der Ästhetik und visuellen Kommunikation liegt eine Macht, die rationales Argumentieren oft zu übersteigen vermag. Outreach-Projekte, die ein ansprechendes und sinnvolles visuelles Design einsetzen, bieten der Zielgruppe einen intuitiven Zugang zu komplexen Inhalten und erleichtern die Identifikation. Die Bildsprache, das Farbkonzept und die Gesamtgestaltung werden somit zum inhärenten Bestandteil des Projekts, das die Essenz des Inhalts transportiert und ein greifbares Erlebnis für die Teilnehmer schafft.

Gerade im Gesundheitsbereich, wo oft abstrakte oder schwierige Themen behandelt werden, bieten visuelle Medien eine Möglichkeit, Menschen emotional anzusprechen und nachhaltig zu binden. Ob durch Infografiken, Mini-Dokumentationen oder eine durchdachte Bildsprache – visuelle Mittel fördern nicht nur die Verständlichkeit, sondern auch die emotionale Verankerung der Botschaft. Die Stärke eines konsistenten und ästhetisch ansprechenden visuellen Designs liegt darin, dass es Vertrauen schafft und das Projekt klar positioniert.

Elemente wirkungsvollen visuellen Designs im Outreach sind:

- *Infografiken und visuelle Darstellungen:* Übersichtliche und ansprechend gestaltete Infografiken vereinfachen die Vermittlung komplexer Themen, die bei rein textbasierter Darstellung leicht an Klarheit verlieren könnten.

- *Authentische Bild- und Videoserien:* Durch visuelle Einblicke in den Alltag der Gesundheitsberufe – sei es durch Fotoserien, kurze Dokumentationen oder Animationen – wird das Thema nicht nur erlebbar, sondern die Zielgruppe wird zur Mitgestaltung angeregt.

- *Konsequente visuelle Identität:* Ein durchgängiges Farbkonzept, das die emotionale Botschaft unterstützt, und eine stringente, wiedererkennbare Bildsprache schaffen Kohärenz und Vertrauen.

Visuelles Design im Outreach-Projekt ist mehr als Dekoration; es ist ein strategisches Element, das Wissen verankert und die Zielgruppe zur Teilhabe motiviert. Ein derart visuell ausgerichtetes Projekt entfaltet eine bleibende Wirkung, die mit bloßen Worten kaum erreichbar wäre.

6.8 Das Unerwartete einplanen: Agilität als Erfolgsfaktor im Outreach

In einer Welt, die von rasanten Veränderungen und wachsender Komplexität geprägt ist, wird Flexibilität zu einem entscheidenden Erfolgsfaktor – insbesondere im Community Outreach. Die *Fähigkeit zur Agilität*, also zur bewussten und zielgerichteten Anpassung an neue Situationen, zeichnet Projekte aus, die nicht nur bestehen, sondern florieren, indem sie Wandel als Potenzial und nicht als Störfaktor erkennen. Diese flexible Haltung erweist sich als unerlässlich, wenn Outreach-Projekte auf unerwartete gesellschaftliche Entwicklungen, finanzielle Schwankungen oder kurzfristige politische Umbrüche reagieren müssen.

Die Philosophie der Agilität, die ursprünglich in der Softwareentwicklung beheimatet ist, lässt sich in Outreach-Projekten im Gesundheitssektor mit ebenso großem Erfolg anwenden. Sie schafft eine Organisationsstruktur, die darauf ausgerichtet ist, in kurzen Zyklen Ergebnisse zu evaluieren und fortlaufend anzupassen. So entsteht eine Projektkultur, die anpassungsfähig bleibt und trotzdem klar fokussiert ist.

Strategien agiler Methoden im Outreach sind:

- *Kurze Projektzyklen und evaluative Rückkopplung:* In Outreach-Teams wird in kurzen Zeitintervallen, sogenannten *Sprints*, gearbeitet. Durch diese Methode entsteht eine fortlaufende Prüfung und Neujustierung der Ziele, die es dem Team ermöglicht, schnell auf Feedback zu reagieren.

- *Kontinuierlicher Dialog mit den Zielgruppen und Partnern:* Agiles Outreach setzt auf eine lebendige Kommunikationsstruktur, die ein offenes Feedback ermöglicht und als Frühwarnsystem dient, wenn Anpassungen notwendig werden.

- *Iterative Entwicklung und kreative Flexibilität:* Materialien und Vorgehensweisen werden kontinuierlich auf Grundlage der Rückmeldungen verfeinert, um Relevanz und Effektivität zu steigern.

Durch eine bewusste Anwendung agiler Methoden wird das Outreach-Projekt zu einem organischen System, das stetig lernt und sich an veränderte Rahmenbedingungen anpasst – eine Strategie, die gerade in den herausfordernden und oft sensiblen Feldern der Gesundheitsberufe von immenser Bedeutung ist.

6.9 Schlussfolgerung: Gesundheitsfachschulen als Treiber gesellschaftlicher Transformation

Agenda Setting ermöglicht es Schulen für Gesundheitsfachberufe, als aktive Gestalter im gesellschaftlichen und politischen Diskurs aufzutreten. Mit gezielter Medienarbeit, strategischem Netzwerken und kraftvollem Storytelling schaffen sie es, bedeutende Themen in der öffentlichen Wahrnehmung zu verankern und langfristig die Sichtweise auf Pflege- und Gesundheitsberufe zu verändern. Indem sie solche Themen in die Diskussion bringen, übernehmen diese Schulen eine weitreichende Verantwortung: Sie schaffen Aufmerksamkeit für die Relevanz und Zukunftsfähigkeit der Gesundheitsberufe, eine Präsenz, die das Verständnis und die Wertschätzung dieser Berufe in der Gesellschaft festigt und fördert.

Dabei wächst die Gesundheitsfachschule im Idealfall über die Rolle als reine Bildungseinrichtung hinaus. Sie wird zur Plattform, auf der gesellschaftlich relevante Fragen zur Zukunft des Gesundheitswesens reflektiert und diskutiert werden. Durch kontinuierliche Präsenz und gezielte Themenwahl schaffen die Schulen eine Brücke zwischen den spezifischen Herausforderungen im Gesundheitswesen und den öffentlichen Bedürfnissen und Erwartungen.

Diese Rolle als Transformationszentrum verleiht ihnen nicht nur Einfluss auf die Meinungsbildung, sondern auch die Möglichkeit, einen strukturellen Wandel im Gesundheitssystem anzustoßen und zu begleiten.

Die aktive Nutzung von Agenda Setting führt zu einer kulturellen Veränderung, in der Gesundheitsberufe nicht nur als praktisches Handlungsfeld, sondern als Grundpfeiler eines fürsorglichen und stabilen Gesundheitssystems wahrgenommen werden. So entsteht langfristig eine Vision eines Gesundheitssystems, das auf Wertschätzung, Nachhaltigkeit und Engagement aufbaut – getragen von solchen Schulen, die es wagen, Veränderungen mitzugestalten:

Ist Ihre Bildungsstätte mit dabei?

7 Überwindung von Hürden – Ein strategischer Leitfaden

7.1 Die Umsetzung von Community Outreach und Agenda Setting in der Praxis

Jede Strategie steht und fällt mit ihrer Umsetzung. Für Organisationen, die Community Outreach und Agenda Setting nachhaltig und wirksam integrieren wollen, bedeutet dies, visionäre Ideen in umsetzbare, praxisnahe Maßnahmen zu überführen. Dieser Übergang von der Konzeptions- in die Umsetzungsphase ist jedoch oft anspruchsvoll und setzt ein hohes Maß an Planung, Ressourcen und Anpassungsfähigkeit voraus.

Es wäre jedoch naiv anzunehmen, dass die Umsetzung ohne Herausforderungen verläuft: Die Umsetzung dieser Strategien wird in der Regel durch eine Vielzahl von Hürden erschwert, die sich in zwei Kategorien unterteilen lassen:

- *spezifische, projektbezogene Herausforderungen* und

- *unspezifische*, allgemein in der Arbeitswelt auftretende Hindernisse.

Spezifische Hürden entstehen aus den einzigartigen Anforderungen und Zielen, die Community Outreach und Agenda Setting mit sich bringen. Diese Projekte sind auf Austausch und Kooperation mit externen Partnern und der Community angewiesen, was unter anderem die Sicherstellung einer bidirektionalen Kommunikation erfordert.

Die langfristige Pflege von Partnerschaften, die Bereitschaft zur Einbindung vielfältiger Perspektiven und das flexible Anpassen an die Bedürfnisse der Community sind nur einige der spezifischen Herausforderungen, denen sich Organisationen stellen müssen. Projekte mit Outreach- und Agenda Setting-Komponenten müssen nicht nur auf kurzfristige Erfolge abzielen, sondern in einem breiteren gesellschaftlichen Kontext wirken und nachhaltige Beziehungen aufbauen.

Unspezifische Hürden hingegen ergeben sich aus allgemeinen Herausforderungen im Projektmanagement und in der Organisationsentwicklung, die unabhängig vom spezifischen Inhalt der Strategie auftreten.

Hierzu zählen etwa die typischen Widerstände gegen Veränderungen, die insbesondere dann auftreten, wenn neue Ansätze und Prozesse in bestehenden Strukturen verankert werden sollen.

Die Notwendigkeit, klare Verantwortlichkeiten festzulegen, Ressourcen effizient einzusetzen und kontinuierlich mit den beteiligten Stakeholdern zu kommunizieren, sind universelle Aspekte des Projektmanagements, die jedoch besonders in anspruchsvollen Outreach-Projekten verstärkt in Erscheinung treten.

Beide Hürdentypen, spezifische wie unspezifische, bedürfen maßgeschneiderter Lösungen und Ansätze. Erfolgreiche Organisationen gehen dabei gezielt auf die jeweiligen Eigenheiten ein und entwickeln klare Strategien, die sowohl den Bedürfnissen der Organisation als auch den Anforderungen des Outreach- und Agenda Setting-Prozesses gerecht werden.

7.2 Spezifische Hürden im Kontext von Community Outreach und Agenda Setting

1. *Hürde: Mangelnde Sensibilisierung für die Bedeutung von Community Outreach*

   Beschreibung: Viele Organisationen unterschätzen den langfristigen Wert von Community Outreach und Agenda Setting. Oft fehlt es an einem klaren Verständnis darüber, wie diese Projekte zur Organisationsentwicklung und gesellschaftlichen Einflussnahme beitragen können.

   Lösungsansatz: Schulungen und Informationsveranstaltungen zur Bedeutung und Wirkung von Outreach-Projekten helfen, die Sensibilisierung zu erhöhen. Organisationen könnten Fallstudien und Best Practices anderer erfolgreicher Outreach-Initiativen vorstellen, um das Bewusstsein für die Vorteile zu schärfen und die Mitarbeiter zu motivieren.

2. *Hürde: Widerstand gegen Veränderung aufgrund bestehender Routinen*

   Beschreibung: Community Outreach erfordert häufig neue Ansätze und das Durchbrechen etablierter Arbeitsweisen. Mitarbeitende können jedoch an Routinen und traditionellen Prozessen festhalten, was die Umsetzung erschwert.

   Lösungsansatz: Veränderungsmanagement-Workshops und offene Dialoge zur Klärung der Projekterwartungen helfen, die Akzeptanz für neue Arbeitsweisen zu fördern. Die Einbindung der Mitarbeiter in den Planungsprozess und die Darstellung des positiven Einflusses von Outreach-Projekten auf die Organisation unterstützen den Übergang in neue Routinen.

3. *Hürde: Mangel an spezifischem Wissen über Community Outreach und Agenda Setting*

Beschreibung: Viele Mitarbeiter haben kein klares Bild davon, wie Outreach-Strategien und Agenda Setting erfolgreich umgesetzt werden können, insbesondere in ihrer eigenen Branche.

Lösungsansatz: Interne Schulungsprogramme und gezielte Weiterbildungsmöglichkeiten bieten den Mitarbeiter fundiertes Wissen und praktische Ansätze zur erfolgreichen Umsetzung von Outreach-Initiativen. Darüber hinaus können Partnerschaften mit Experten im Bereich Community Outreach geschaffen werden, um wertvolle Einblicke und Kenntnisse zu gewinnen.

4. *Hürde: Unsicherheit im Umgang mit der Öffentlichkeit und Stakeholdern*

Beschreibung: Outreach-Projekte erfordern den Kontakt und den Dialog mit externen Akteuren, was für einige Mitarbeitende eine ungewohnte Herausforderung darstellt. Die Unsicherheit kann dazu führen, dass Outreach-Projekte in der Planung stagnieren oder ihre Wirkung verfehlen.

Lösungsansatz: Schulungen zum Umgang mit Stakeholdern und zur Öffentlichkeitsarbeit bereiten die Mitarbeiter auf den offenen Austausch vor. Ein Medien- und Kommunikationstraining bietet zudem das nötige Selbstbewusstsein und die Fähigkeiten, um die Organisation professionell zu vertreten und das Vertrauen externer Akteure zu gewinnen.

5. *Hürde: Hohe Erwartungen von Stakeholdern*

Beschreibung: Stakeholder können unrealistische Erwartungen an Outreach-Projekte haben, insbesondere wenn diese auf schnelle oder messbare Ergebnisse abzielen, die bei langfristigen sozialen Zielen oft schwer zu erreichen sind.

Lösungsansatz: Transparente Kommunikation mit den Stakeholdern über die Ziele und den Zeitrahmen des Projekts ist entscheidend. Regelmäßige Status-Updates und Berichte über die Meilensteine des Projekts helfen, die Erwartungen realistisch zu halten und die langfristigen Vorteile hervorzuheben.

6. *Hürde: Fehlendes internes Netzwerk zur Unterstützung von Community Outreach*

Beschreibung: Outreach-Projekte erfordern oft das Engagement verschiedener Abteilungen. Wenn diese nicht ausreichend vernetzt sind, können Synergien und potenzielle Unterstützungen innerhalb der Organisation verloren gehen.

Lösungsansatz: Interne Networking-Events und interdisziplinäre Arbeitsgruppen fördern die Zusammenarbeit und schaffen ein gemeinsames Verständnis für die Ziele des Outreach-Projekts. Regelmäßige Treffen und ein offener Informationsaustausch ermöglichen es den Abteilungen, ein koordiniertes Vorgehen zu entwickeln.

7. *Hürde: Fehlende institutionelle Unterstützung und Ressourcen für Outreach-Projekte*

Beschreibung: Viele Organisationen stellen ihren Mitarbeitern nur unzureichende Ressourcen zur Verfügung, was den Erfolg und die Reichweite von Community Outreach-Projekten einschränken kann.

Lösungsansatz: Die Geschäftsführung sollte glasklare Ressourcen- und Finanzierungszusagen für Outreach-Projekte machen. Eine gesicherte Unterstützung motiviert die Mitarbeiter und schafft die Grundlage für die erfolgreiche Umsetzung der Projekte.

8. *Hürde: Schwierigkeit, ein passendes Partnernetzwerk aufzubauen*

Beschreibung: Outreach-Initiativen profitieren von einem breiten Partnernetzwerk, um die Community effektiver zu erreichen. Der Aufbau solcher Netzwerke kann jedoch zeit- und ressourcenintensiv sein.

Lösungsansatz: Zielgerichtete Partneranalysen und die Teilnahme an relevanten Veranstaltungen und Netzwerktreffen erleichtern den Aufbau eines starken Partnernetzwerks. Die Identifikation gemeinsamer Ziele und die Nutzung bestehender Kontakte können den Netzwerkaufbau beschleunigen und die Bindung potenzieller Partner stärken.

9. *Hürde: Konflikte bei der Zielsetzung zwischen Organisation und Community*

Beschreibung: Organisationen und Communitys verfolgen möglicherweise unterschiedliche Ziele, was zu Missverständnissen und Spannungen führen kann. Diese Diskrepanz kann die Projektumsetzung erheblich behindern.

Lösungsansatz: Ein intensiver Dialogprozess, der die Bedürfnisse und Erwartungen beider Seiten offenlegt, hilft, einen gemeinsamen Nenner zu finden. Ein integrativer Planungsansatz stellt sicher, dass die Ziele des Projekts sowohl die Interessen der Organisation als auch die der Community widerspiegeln.

10. *Hürde: Mangelnde Akzeptanz von Agenda Setting als langfristige Strategie*

Beschreibung: Agenda Setting ist oft eine langwierige Maßnahme, deren Auswirkungen sich erst mit der Zeit zeigen. Fehlende Geduld und das Bedürfnis nach kurzfristigen Erfolgen können die Akzeptanz der Strategie behindern.

Lösungsansatz: Durch das Setzen von Zwischenzielen und regelmäßige Kommunikation über Teilerfolge kann die Geduld gefördert und das Bewusstsein für die strategischen Vorteile von Agenda Setting gestärkt werden. Dies hilft, die Relevanz der langfristigen Strategie zu vermitteln und die Unterstützung für die kontinuierliche Umsetzung zu sichern.

11. *Hürde: Unzureichende Integration von Outreach-Zielen in die Organisationsstrategie*

Beschreibung: Wenn Outreach-Ziele und die allgemeine Organisationsstrategie nicht harmonieren, kann es zu Reibungsverlusten und ineffizientem Ressourceneinsatz kommen.

Lösungsansatz: Die Definition klarer strategischer Schnittstellen und die regelmäßige Überprüfung der Outreach-Ziele im Kontext der Gesamtstrategie tragen dazu bei, dass beide Bereiche ineinandergreifen. Dies fördert eine kohärente und wirkungsvolle Projektentwicklung.

12. *Hürde: Fehlendes Verständnis der Community für die Ziele der Organisation*

Beschreibung: Community-Mitglieder könnten die langfristigen Ziele und Beweggründe der Organisation nicht vollständig verstehen oder missverstehen, was die Akzeptanz der Projekte mindert.

Lösungsansatz: Eine gezielte Kommunikation, die die Mission und die Ziele des Projekts verständlich erklärt und auf die Bedürfnisse der Community eingeht, fördert das Vertrauen und stärkt die Unterstützung der Community. Informationsveranstaltungen und offene Dialoge sind essenzielle Werkzeuge, um Missverständnisse zu vermeiden.

13. Hürde: Unsicherheiten in der Projektfinanzierung

Beschreibung: Community Outreach erfordert oft eine langfristige Finanzierung, die durch unvorhergesehene wirtschaftliche Veränderungen erschwert werden kann.

Lösungsansatz: Eine flexible Finanzierungsstrategie, die verschiedene Einnahmequellen, wie z.B. Fundraising, Spenden und Fördermittel, einbezieht, bietet eine stabilere Grundlage. Notfallpläne und Budgetreserven helfen, finanzielle Engpässe abzufedern und die langfristige Projektstabilität zu gewährleisten.

14. Hürde: Kulturbedingte Herausforderungen in der Zusammenarbeit mit der Community

Beschreibung: Kulturelle Unterschiede zwischen der Organisation und der Community können zu Missverständnissen und Kommunikationsproblemen führen.

Lösungsansatz: Kulturelle Sensibilitätstrainings für Projektteams und die Zusammenarbeit mit kulturellen Vermittlern aus der Community fördern das gegenseitige Verständnis und minimieren kulturelle Konflikte. Eine respektvolle und anpassungsfähige Kommunikation schafft die Grundlage für eine erfolgreiche Kooperation.

15. Hürde: Unzureichende Anpassung an lokale Gegebenheiten

Beschreibung: Outreach-Projekte, die an den Bedürfnissen und Gegebenheiten der lokalen Community vorbeigehen, können auf Ablehnung stoßen.

Lösungsansatz: Die Organisation sollte vorab lokale Bedürfnisse und Potenziale analysieren und Outreach-Initiativen entsprechend anpassen. Durch Einbindung lokaler Vertreter in den Planungsprozess und regelmäßiges Feedback wird eine zielgerichtete und akzeptierte Projektumsetzung gefördert.

7.3 Allgemeine Hürden im Projektmanagement und Change Management

1. *Hürde: Budgetbeschränkungen für Projektinitiativen*

   Beschreibung: Häufig stellt das begrenzte Budget eine Herausforderung dar, da Ressourcen knapp bemessen sind und zusätzliche Ausgaben für Community Outreach oder Agenda Setting nicht immer einkalkuliert wurden.

   Lösungsansatz: Finanzierungsalternativen wie Crowdfunding, Fördermittel oder Stiftungsfinanzierung bieten flexible Lösungen. Durch die Zusammenarbeit mit finanziell gut aufgestellten Partnern oder die Beantragung von Fördergeldern kann das Projektbudget nachhaltig gestärkt werden. Ein innovativer Ansatz ist auch das *Matching Fund*-Modell, bei dem Unternehmen oder Stiftungen Beiträge der Community verdoppeln.[82]

2. *Hürde: Fehlende oder begrenzte personelle Ressourcen*

   Beschreibung: Viele Organisationen haben kaum ausreichend Personal, um Outreach- oder Agenda Setting-Projekte zu initiieren und zu betreuen. Der Mangel an spezialisierter Arbeitskraft bremst so manche Initiative aus.

---

[82] Vgl. dazu Markus Görsch: Komplementäre Kulturfinanzierung. Das Zusammenwirken von staatlichen und privaten Zuwendungen bei der Finanzierung von Kunst und Kultur. Berlin 2001.

Lösungsansatz: Durch gezieltes Freiwilligenmanagement können auch unternehmensfremde Akteure in Projekte eingebunden werden. Zudem kann die Delegation an Teilzeitkräfte oder studentische Hilfskräfte entlasten. Job-Sharing-Modelle bieten eine weitere Möglichkeit, bestehendes Personal effizienter einzusetzen und flexibel auf Ressourcenengpässe zu reagieren.

3. *Hürde: Zeitliche Engpässe und priorisierte Projekte*

Beschreibung: Projektbeteiligte sind oft durch parallele Aufgaben und andere Prioritäten gebunden, sodass Outreach-Projekte im Zeitplan nach hinten rücken.

Lösungsansatz: Die Implementierung eines strikten Zeitmanagements mit klaren Deadlines und Prioritätensetzung schafft Abhilfe. Agile Projektmanagement-Methoden wie *Scrum* oder *Kanban* können dabei helfen, Aufgaben besser zu priorisieren und den Fortschritt kontinuierlich zu überwachen.

4. *Hürde: Unklare Zielvorgaben und mangelnde strategische Einbettung*

Beschreibung: Ohne eine klare Zielsetzung kann ein Outreach-Projekt an Fokus verlieren und seine Wirkung verfehlen. Unklare Vorgaben führen zu Verwirrung und Missverständnissen unter den Beteiligten.

Lösungsansatz: Ein klar definiertes Projektziel und eine Einbettung in die Organisationsstrategie sind essenziell. *Vision-Mission-Workshops oder Strategie-Meetings* helfen, eine klare Linie und greifbare Ziele für das Outreach-Projekt zu setzen, die sich in den allgemeinen Zielen der Organisation widerspiegeln.

5. *Hürde: Mangelnde Unterstützung von Führungsebene und Geschäftsführung*

Beschreibung: Ohne die Rückendeckung durch die Geschäftsführung bleibt die Wirkung vieler Projekte begrenzt. Die Unterstützung durch die Führungsebene entscheidet oft darüber, ob ein Projekt scheitert oder erfolgreich ist.

Lösungsansatz: Führungskräfte können durch gezielte Argumentation, basierend auf relevanten Fakten und Daten, überzeugt werden. Die Darstellung positiver Beispiele und die Präsentation messbarer Erfolge aus anderen Organisationen verdeutlichen den Mehrwert und unterstützen die Projektakzeptanz auf Führungsebene.

6. *Hürde: Interne Widerstände gegen Veränderungsprozesse*

Beschreibung: Mitarbeiter sind häufig skeptisch gegenüber neuen Projekten, insbesondere wenn diese mit Veränderungen verbunden sind. Widerstand entsteht oft aus Sorge, bewährte Arbeitsweisen und Routinen zu verlieren.

Lösungsansatz: Transparente Kommunikation über die Vorteile und langfristigen Ziele des Projekts hilft, Widerstände zu minimieren. Workshops und Mitarbeiterschulungen bereiten auf Veränderungen vor und schaffen eine positive Grundhaltung. Change-Management-Tools wie das *8-Stufen-Modell* bieten strukturierte Ansätze zur Überwindung von Widerständen.[83]

---

[83] Vgl. dazu John P. Kotter: Leading Change. Wie Sie Ihr Unternehmen in acht Schritten erfolgreich verändern. München 2011.

7. *Hürde: Hohe Fluktuation und Verlust von Wissen*

Beschreibung: Bei hoher Mitarbeiterfluktuation geht wertvolles Wissen verloren, und neue Mitarbeitende müssen regelmäßig eingearbeitet werden, was den Projektfortschritt verlangsamt.

Lösungsansatz: Ein solides Wissensmanagementsystem und regelmäßige Projektdokumentationen stellen sicher, dass Informationen zentral gespeichert und jederzeit zugänglich sind. Ein strukturiertes Onboarding für neue Teammitglieder ermöglicht eine schnelle und effiziente Einarbeitung.

8. *Hürde: Bürokratische Hürden und langwierige Genehmigungsprozesse*

Beschreibung: Umfangreiche Genehmigungsverfahren und interne bürokratische Abläufe können Projekte verzögern und den Enthusiasmus der Beteiligten dämpfen.

Lösungsansatz: Die frühzeitige Einbindung von Entscheidungsträgern und die Nutzung digitaler Projektmanagement-Tools, die Genehmigungsprozesse beschleunigen, schaffen Abhilfe. Ein präzises Projektbriefing kann Genehmigungsprozesse straffen und die Zusammenarbeit mit der Verwaltung vereinfachen.

9. *Hürde: Kommunikationsbarrieren innerhalb des Teams*

Beschreibung: Mangelnde Kommunikation oder Missverständnisse im Team führen oft zu ineffizienten Abläufen und Unstimmigkeiten über Verantwortlichkeiten und Zuständigkeiten.

Lösungsansatz: Die Implementierung regelmäßiger Teambesprechungen und eine klare Aufgabenverteilung fördern die Teamarbeit. Digitale Kommunikationstools und gemeinsame Arbeitsplattformen ermöglichen eine nahtlose Kommunikation und helfen, Missverständnisse zu reduzieren.

10. Hürde: Fehlende Identifikation mit dem Projekt

Beschreibung: Mitarbeiter, die keine Verbindung zum Outreach-Projekt haben, zeigen oft geringes Engagement und fühlen sich nicht zur Mitarbeit motiviert.

Lösungsansatz: Die Einbindung der Mitarbeiter in die Planungsphase fördert das Zugehörigkeitsgefühl und schafft Motivation. Projektorientierte Anreizsysteme und Teambuilding-Maßnahmen stärken zudem die Identifikation mit dem Projekt und fördern das Engagement.

11. Hürde: Realitätsferne Zielsetzungen und unklare Meilensteine

Beschreibung: Unrealistische Ziele und unpräzise Meilensteine führen dazu, dass Projekte ins Stocken geraten und Beteiligte das Vertrauen in die Umsetzung verlieren.

Lösungsansatz: SMART-Zielsetzungen (Spezifisch, Messbar, Attraktiv, Realistisch und Terminiert) sorgen für Klarheit und machen die Fortschritte nachvollziehbar. Die regelmäßige Überprüfung der Ziele und ein adaptives Projektmanagement unterstützen eine realistische Zielerreichung.

12. Hürde: Überforderung durch zusätzliche Aufgaben

Beschreibung: Mitarbeitende sind oft schon mit ihren alltäglichen Aufgaben ausgelastet und haben Schwierigkeiten, sich zusätzlich für Outreach-Projekte zu engagieren.

Lösungsansatz: Flexible Arbeitszeiten, die Einführung von Teilzeitmodellen für Outreach-Projekte und die Schaffung von *Projekt Buddies* für gegenseitige Unterstützung entlasten die Mitarbeiter und ermöglichen ein höheres Engagement.

13. Hürde: Fehlen einer klaren Entscheidungsstruktur

Beschreibung: Unklare Entscheidungswege können zu Verzögerungen führen und Unsicherheiten hinsichtlich der Verantwortlichkeiten schaffen.

Lösungsansatz: Die Definition einer klaren Hierarchie und die Etablierung von Entscheidungsstrukturen schaffen Verbindlichkeit. *RACI-Matrix-Ansätze (Responsible, Accountable, Consulted, Informed)* strukturieren die Entscheidungsprozesse und bieten Orientierung.

14. Hürde: Fehlendes Vertrauen in die Projektverantwortlichen

Beschreibung: Wenn Mitarbeiter den Verantwortlichen für das Outreach-Projekt nicht vertrauen, sinkt die Motivation, am Projekt aktiv mitzuwirken.

Lösungsansatz: Transparenz und regelmäßige Updates zum Projektverlauf fördern das Vertrauen in die Führung. Eine offene Fehlerkultur und Feedback-Möglichkeiten ermöglichen eine stärkere Identifikation mit den Projektverantwortlichen und schaffen Vertrauen.

15. Hürde: Fehlende Evaluation und fehlendes Feedback

Beschreibung: Ohne regelmäßige Evaluations- und Feedbackschleifen wird es schwer, den Erfolg des Projekts zu messen und gegebenenfalls Korrekturen vorzunehmen.

Lösungsansatz: Regelmäßige Projektbewertungen und die Implementierung eines kontinuierlichen Feedbackprozesses machen Fortschritte messbar und ermöglichen rechtzeitige Anpassungen. Tools wie *Balanced Scorecards* und *KPI-Dashboards* unterstützen die Bewertung des Projektfortschritts.

7.4 Strategische Hürdenbewältigung im Kontext von Community Outreach und Agenda Setting

1. Aufbau eines Ethikkomitees zur langfristigen Sicherung ethischer Standards

Hürde: Bei Community Outreach-Projekten ist die ethische Glaubwürdigkeit entscheidend. Ein Mangel an klaren ethischen Leitlinien kann das Projekt in ein schlechtes Licht rücken, insbesondere wenn der Einsatz von Ressourcen oder die Beteiligung von externen Akteuren infrage gestellt werden.

Lösungsansatz: Die Implementierung eines Ethikkomitees, bestehend aus internen und externen Mitgliedern, bietet eine Kontrollinstanz zur Überprüfung der Projekte auf ihre soziale Verantwortung und Integrität. Dieses Gremium kann nicht nur die Projekte bewerten, sondern auch Empfehlungen aussprechen, um ethische Standards zu wahren und die Authentizität der Projekte zu gewährleisten.

Ein Ethikkomitee schafft Vertrauen und stellt sicher, dass Community Outreach und Agenda Setting als Maßnahmen zur Förderung des Gemeinwohls anerkannt werden.

2. *Förderung interdisziplinärer Zusammenarbeit zur Nutzung vielfältiger Perspektiven*

Hürde: Outreach- und Agenda Setting-Initiativen laufen Gefahr, an Effizienz und Kreativität zu verlieren, wenn sie in monodisziplinären Teams durchgeführt werden, die nur einen begrenzten Blickwinkel einnehmen. Dadurch kann die Lösungsfindung erschwert und die Wirkung der Projekte eingeschränkt werden.

Lösungsansatz: Die Bildung interdisziplinärer Teams, die Expertise aus verschiedenen Fachrichtungen und Abteilungen vereinen, führt zu kreativeren und umfassenderen Lösungen. Unterschiedliche Sichtweisen bereichern die Planung und Umsetzung, was zu vielseitigeren und innovativeren Projektansätzen führt. Ein Team aus Klinikern und Gesundheitsfachleuten, Geistes- und Sozialwissenschaftlern, BWLern, Personal- und Organisationsentwicklern z.B. kann beispielsweise sowohl soziale als auch wirtschaftliche Aspekte berücksichtigen, was den Erfolg und die gesellschaftliche Akzeptanz erhöht.

3. *Regelmäßiges Monitoring und Reporting zur Wahrung der Projekttransparenz*

Hürde: Outreach-Projekte, die über längere Zeiträume laufen, verlieren ohne konsequente Überwachung und Berichterstattung an Übersichtlichkeit. Stakeholder könnten das Vertrauen in das Projekt verlieren, wenn der Fortschritt und die Zielerreichung nicht sichtbar gemacht werden.

Lösungsansatz: Ein Monitoring-System, das den Projektverlauf systematisch dokumentiert und visualisiert, schafft Klarheit und Nachvollziehbarkeit. Regelmäßige Zwischenberichte und visuelle Fortschrittsanzeigen (wie Dashboards) machen die Entwicklung transparent und bieten die Möglichkeit, frühzeitig auf Herausforderungen zu reagieren. Berichte an die Geschäftsführung und Gremien geben eine verlässliche Grundlage für Entscheidungen und signalisieren den Mitarbeiter und Partnern die Ernsthaftigkeit und Verbindlichkeit des Projekts.

4. *Etablierung einer Feedback-Kultur zur kontinuierlichen Verbesserung*

Hürde: Oft wird Feedback in Organisationen als Kritik interpretiert, was die Bereitschaft zur Rückmeldung und die Offenheit für Veränderung hemmt. Dadurch bleiben wertvolle Einblicke und Verbesserungsvorschläge ungenutzt.

Lösungsansatz: Die Implementierung einer positiven Feedback-Kultur durch regelmäßige Team-Workshops und offene Feedback-Runden ermöglicht einen offenen Austausch. Durch die Etablierung klarer Feedback-Regeln wird sichergestellt, dass Rückmeldungen als konstruktive Beiträge zur Verbesserung wahrgenommen werden. Zudem kann ein *Feedback-Loop* helfen, die Kommunikation zu stärken und ein Klima des Vertrauens zu schaffen, in dem sich Mitarbeiter wertgeschätzt fühlen und bereit sind, aktiv zum Projekterfolg beizutragen.

5. *Umfassende Einbindung der Mitarbeiter zur Stärkung der Projektakzeptanz*

Hürde: Eine geringe Beteiligung der Mitarbeiter an der Projektgestaltung kann zu Desinteresse und Ablehnung führen. Besonders bei Outreach-Projekten, die von einem Engagement der Mitarbeiter leben, ist es entscheidend, diese aktiv einzubeziehen.

Lösungsansatz: Mitarbeiter sollten frühzeitig in die Planung und Umsetzung der Projekte einbezogen werden, um ein Gefühl der Mitverantwortung zu fördern. Regelmäßige Projektbesprechungen und Ideenwerkstätten, in denen die Mitarbeiter ihre Sichtweisen und Verbesserungsvorschläge einbringen können, fördern die Identifikation mit dem Projekt. Diese Partizipation stärkt nicht nur das Gemeinschaftsgefühl, sondern kann auch wertvolle Ideen und Impulse für die Projektgestaltung liefern.

6. *Förderung von Innovationsbereitschaft durch gezielte Anreize*

Hürde: Mitarbeiter könnten sich wenig motiviert fühlen, sich an Innovationsprozessen zu beteiligen, insbesondere wenn die Veränderungen als zusätzliche Belastung wahrgenommen werden.

Lösungsansatz: Die Einführung von Anreizsystemen, wie die Anerkennung herausragender Leistungen und innovativer Ideen, stärkt die Bereitschaft, sich aktiv einzubringen. Zusätzlich können Mitarbeiter, die durch kreative Ansätze zum Projekterfolg beitragen, durch spezielle Schulungen oder Prämien belohnt werden, was die Motivation und Innovationsbereitschaft erhöht.

7. *Langfristige Verstärkung der Community-Bindung*

Hürde: Outreach-Projekte sind darauf angewiesen, dass die Organisation eine dauerhafte und vertrauensvolle Beziehung zur Community aufbaut. Kurzlebige Initiativen können das Vertrauen der Gemeinschaft in die Ernsthaftigkeit des Projekts gefährden.

Lösungsansatz: Die kontinuierliche Pflege der Beziehung zur Community durch regelmäßige Veranstaltungen, Informationsabende und Projektberichte schafft eine Vertrauensbasis und signalisiert Engagement. Darüber hinaus hilft die Förderung lokaler Partnerschaften, die Community als integralen Bestandteil der Organisationskultur zu etablieren und langfristige soziale Veränderungen zu unterstützen.

8. *Kommunikationsstrategie für authentisches Agenda Setting*

Hürde: Agenda Setting kann als manipulativer Versuch der Einflussnahme missverstanden werden, insbesondere wenn die Ziele der Organisation nicht klar und transparent vermittelt werden.

Lösungsansatz: Eine offene und authentische Kommunikationsstrategie, die den Nutzen der Projekte und ihre Relevanz für die Gemeinschaft hervorhebt, fördert das Vertrauen und sorgt für eine positive Wahrnehmung. Transparente Zielsetzungen und die Darstellung der Agenda Setting-Maßnahmen als Chance für gegenseitigen Nutzen betonen die Ernsthaftigkeit des Anliegens und stärken die Akzeptanz.

9. *Kontinuierliche Fortbildung zu aktuellen Trends und Methoden im Community Outreach*

Hürde: Die Anforderungen an Outreach- und Agenda Setting-Projekte ändern sich kontinuierlich, und es besteht die Gefahr, dass Mitarbeiter und Führungskräfte mit veralteten Methoden arbeiten.

Lösungsansatz: Die Organisation sollte regelmäßig Schulungen und Workshops zu aktuellen Entwicklungen und bewährten Verfahren im Bereich Community Outreach und Agenda Setting anbieten. Dadurch bleiben die Mitarbeiter informiert und können innovative Ansätze erfolgreich in ihre Arbeit integrieren.

10. *Einbindung von Erfolgsmessungen zur Zielverfolgung und Transparenz*

Hürde: Ohne klare Erfolgskennzahlen lassen sich Fortschritte und Zielerreichungen nur schwer messen und kommunizieren, was die Glaubwürdigkeit des Projekts mindert.

Lösungsansatz: Die Einführung klar definierter Leistungsindikatoren ermöglicht eine kontinuierliche Erfolgsmessung und die Anpassung der Strategien. Regelmäßige Erfolgsberichte dokumentieren die Erfolge der Initiativen und stärken die Transparenz gegenüber der Belegschaft und den Stakeholdern.

7.5   Die Geschäftsführung als Schlüsselfaktor für die Projektumsetzung

1. Engagement und Unterstützung der Geschäftsführung sicherstellen

Hürde: Ohne Rückhalt und aktives Engagement der Geschäftsführung bleiben Projekte häufig nur auf dem Papier bestehen oder werden auf halbem Wege abgebrochen. Das Fehlen von Führungskompetenz und einem klaren Bekenntnis zur Projektstrategie kann die Motivation der Mitarbeiter dämpfen und die Glaubwürdigkeit des Projekts in der gesamten Organisation schwächen.

Lösungsansatz: Die Geschäftsführung sollte frühzeitig eingebunden und über die Bedeutung und Ziele des Projekts informiert werden. Ein klares *Commitment zur Umsetzung*, etwa durch öffentliche Stellungnahmen und die Zuweisung von Ressourcen, ist entscheidend. Um die Geschäftsführung zu überzeugen, können *evidenzbasierte Argumente*[84] *und Best-Practice-Beispiele* genutzt werden, die den lang-

---

[84] Stichwort Evidenz: In einem Bereich, der so komplex und sensibel ist wie der Gesundheitssektor, ist Evidenz mehr als eine Option – sie ist die Grundlage jeder gut durchdachten Outreach-Initiative. Evidence-based Outreach erhebt wissenschaftliche Erkenntnisse zur Richtschnur für die Planung und Implementierung und verleiht dem Projekt damit eine tiefe Verankerung in der Realität der Zielgruppen. Outreach-Projekte, die auf Basis fundierter Daten entwickelt werden, zielen genauer und treffen präziser die tatsächlichen Bedürfnisse der Menschen, die sie ansprechen. Evidence-based Outreach hebt Community Outreach auf ein strategisches Niveau, das nicht nur Glaubwürdigkeit vermittelt, sondern die Outreach-Projekte in ihrer Wirksamkeit steigert. Die Kombination aus Forschung und Praxis erschafft ein stabiles Fundament, das dem Projekt eine fundierte Legitimation verleiht und langfristig eine positive Transformation ermöglicht.

fristigen Nutzen und die positiven Auswirkungen des Projekts aufzeigen.

2. *Klare Kommunikation und regelmäßige Rücksprachen mit der Geschäftsführung*

Hürde: Oft wird die Geschäftsführung zwar anfänglich für ein Projekt gewonnen, verliert jedoch während der Umsetzung das Interesse oder ist nur sporadisch involviert. Dies kann zu Entscheidungsverzögerungen und einem Mangel an kontinuierlicher Unterstützung führen.

Lösungsansatz: Ein regelmäßiger Berichtspfad und Rücksprachen mit der Geschäftsführung fördern Transparenz und halten die Entscheidungsträger informiert. Diese regelmäßigen Updates und die Präsentation von Zwischenergebnissen schaffen eine kontinuierliche Verbindung und stellen sicher, dass die Geschäftsführung informiert bleibt und aktiv unterstützend eingreifen kann, wenn dies notwendig ist.

3. *Geschäftsführung als Botschafter der Initiative*

Hürde: Outreach- und Agenda Setting-Projekte benötigen häufig die Vermittlung und Förderung auf hoher Führungsebene, um von internen und externen Stakeholdern ernst genommen zu werden. Wenn die Geschäftsführung nicht aktiv für das Projekt eintritt, können Projekte an Glaubwürdigkeit verlieren.

Lösungsansatz: Die Geschäftsführung sollte als sichtbarer Botschafter des Projekts auftreten, indem sie in internen sowie externen Kommunikationskanälen die Relevanz des Projekts hervorhebt. Dies kann durch Beteiligung an Pressekonferenzen, interne Newsletters oder Videoansprachen erfolgen, wodurch der Wert und die Bedeutung des Projekts nachdrücklich kommuniziert werden.

Diese Einbindung zeigt auf, wie wichtig es ist, die Geschäftsführung als strategischen Partner zu gewinnen und kontinuierlich einzubinden. Diese erweiterte Berücksichtigung der Geschäftsführung stärkt die Gesamtwirkung und gibt der Umsetzung des Projekts mehr Stabilität und Verankerung auf Leitungsebene.

7.6 Fazit: Strategien für eine transformative Umsetzung

Pflegeschulen und Schulen für Gesundheitsfachberufe, die sich auf den Weg machen, Community Outreach und Agenda Setting nicht nur als schmückendes Beiwerk, sondern als Kernelement ihrer Arbeit zu integrieren, wagen sich damit in eine Rolle, die nicht nur zukünftige Fachkräfte ausbildet, sondern aktiv gesellschaftliche Prozesse mitgestaltet. Sie legen sich damit gewissermaßen auf eine doppelte Herausforderung fest: Zum einen die tatsächliche Umsetzung ambitionierter Projekte, die mehr als nur heiße Luft erzeugen, und zum anderen die Überwindung jener Hürden, die in der Praxis oft so zahlreich und vielseitig sind wie die Argumente, warum etwas nicht funktioniert.

Diese Hürden, fein säuberlich in spezifische und unspezifische Herausforderungen unterteilt, erfordern ein tiefes Verständnis sowohl für die Mechanismen der eigenen Institution als auch für das größere gesellschaftliche Netzwerk, in das sie eingebettet ist. Die Integration der Projekte verlangt eine *anpassungsfähige Organisationsstruktur* – der geheime Traum eines jeden Projektmanagers. Und wer könnte diesen Anspruch besser erfüllen als eine Organisation, die zwischen anspruchsvoller Pflegeausbildung und sozialen Projekten nicht nur ihre eigene Identität definiert, sondern gleich noch eine Daseinsberechtigung als gesellschaftlicher Akteur beansprucht?

Für das Gelingen dieser Aufgabe ist die Unterstützung der Geschäftsführung und die Einbindung der Gremien von zentraler Bedeutung – schließlich ist es beruhigend zu wissen, dass Projekte auf eine solide Legitimation und Rückhalt stoßen, wenn die Bürokratie doch mal wieder für den einen oder anderen Überraschungseffekt sorgt.

Ernst Jüngers kluger Satz „Die große Revolution besteht darin, das Bestehende anzunehmen und zu verwandeln" mag dabei gerne als Kompass dienen:

*Die wahre Kunst liegt darin, dass Transformation
meist weniger vom revolutionären Bruch als vielmehr
von der geschickten und fast schon eleganten
Umgestaltung bestehender Strukturen lebt.*

In diesem Sinne entsteht eine beeindruckende Balance aus ambitionierter Vision und pragmatischer Umsetzung, durch die Pflegeschulen nicht nur ihre Organisation und das Gesundheitswesen beeinflussen, sondern zugleich das Feld der Community Outreach und Agenda Setting als inspirierendes Beispiel weiterentwickeln.

8 Übertragbarkeit von Community Outreach und Agenda Setting auf andere Branchen

Natürlich sind die Konzepte Community Outreach und Agenda Setting keineswegs auf die Pflegebildung oder den Gesundheitssektor beschränkt. Der Fokus in diesem Buch ist meinem Hintergrund als Bildungsmanager im Healthcare-Sektor geschuldet. Beide Konzepte bieten eine Grundlage für transformative Veränderungen, die in verschiedensten Branchen zur Anwendung kommen können – von der Bildung und Sozialarbeit bis hin zur Technik und Kreativwirtschaft. Diese universellen Strategien ermöglichen es Organisationen, eine aktive Rolle in gesellschaftlichen und politischen Diskursen einzunehmen, die Bindung zur Gemeinschaft zu stärken und die Zukunftsfähigkeit ihrer Branche mitzugestalten.

8.1 Universelle Prinzipien von Community Outreach

Community Outreach basiert auf der aktiven Zusammenarbeit mit der Gemeinschaft, der Sensibilisierung für spezifische Bedarfe und der kooperativen Lösungsfindung. Diese Prinzipien lassen sich auf Unternehmen und soziale Organisationen übertragen, indem sie ihre Produkte und Dienstleistungen so gestalten, dass sie in engem Austausch mit den Zielgruppen entwickelt und optimiert werden.

- *In der Bildung:* Schulen und Universitäten könnten durch Outreach-Programme in benachteiligten Regionen das Bildungsniveau steigern und die Sichtbarkeit ihrer Institutionen in der breiten Gesellschaft erhöhen. Dies könnte unter anderem durch lokale Förderprogramme, praxisorientierte Ausbildungsplätze und Veranstaltungen erfolgen, die der Gemeinschaft offenstehen.

- *In der Sozialarbeit:* Sozialunternehmen und NGOs könnten ihre Aktivitäten durch Community Outreach besser an die Bedürfnisse der von ihnen betreuten Gruppen anpassen. Ein Beispiel ist die gezielte Sensibilisierung für bestimmte gesundheitliche oder soziale Herausforderungen innerhalb lokaler Gemeinschaften und die Entwicklung maßgeschneiderter Lösungsansätze.

- *In der Technikbranche:* Technologieunternehmen können durch Outreach-Initiativen in Schulen und Gemeinden die Technikkompetenz fördern, digitale Bildungsangebote schaffen und die technische Bildung und Gleichstellung unterstützen. Dies stärkt sowohl das Wissen in der Bevölkerung als auch die eigene Position als verantwortungsvolle und innovative Kraft.

- *In der Automobilindustrie:* Die Automobilbranche könnte Community Outreach nutzen, um Innovationen und technologische Entwicklungen einer breiteren Öffentlichkeit zugänglich zu machen. Durch Bildungsprogramme, z. B. in Schulen und technischen Ausbildungszentren, könnten Automobilunternehmen Themen wie Elektromobilität, Nachhaltigkeit und autonomes Fahren vermitteln und damit die Technikkompetenz in der Bevölkerung fördern. Zudem könnten Outreach-Initiativen in Gemeinden und Regionen mit starker Automobilproduktion soziale Verantwortung zeigen, indem sie Beschäftigungs-programme, technische Schulungen und nachhaltige Mobilitätslösungen entwikkeln, die den spezifischen lokalen Bedürfnissen entsprechen. Diese Art von Engagement würde nicht nur die Akzeptanz neuer Technologien fördern, sondern auch das

Bild der Automobilbranche als zukunftsorientierte und verantwortungsbewusste Industrie stärken.

- *In der Agrarwirtschaft:* Community Outreach kann in der Agrarbranche genutzt werden, um das Bewusstsein für nachhaltige Landwirtschaft, Ernährungssicherheit und Umweltschutz zu fördern. Landwirtschaftliche Betriebe und Unternehmen könnten durch Bildungsprogramme in Schulen, Gemeindeprojekte oder Kooperationen mit lokalen Märkten die Bedeutung nachhaltiger Anbaumethoden, regionaler Lebensmittelproduktion und ökologischer Vielfalt vermitteln. Outreach-Initiativen könnten beispielsweise Workshops zur Permakultur, Führungen auf Bauernhöfen oder Schulungen zu urbanem Gartenbau umfassen. Durch diesen aktiven Austausch stärkt die Agrarwirtschaft nicht nur das Wissen der Bevölkerung über nachhaltige Lebensmittelproduktion, sondern positioniert sich zugleich als verantwortungsvoller Partner für gesunde und umweltfreundliche Ernährung.

- *In der Finanz-, Versicherungs- und Immobilienbranche:* Community Outreach in diesen Branchen kann helfen, finanzielle Bildung, Sicherheitsbewusstsein und Zugang zu Wohnraum zu fördern. Finanz- und Versicherungsunternehmen könnten durch Bildungsprogramme in Schulen und Gemeinden grundlegende Finanzkompetenzen, Vorsorgeplanung und Risikobewusstsein vermitteln, um Menschen zu befähigen, fundierte finanzielle Entscheidungen zu treffen. Outreach-Initiativen könnten Schulungen zur Altersvorsorge, Workshops zu verantwortungsvoller Aufnahme von Krediten oder Programme für finanziell benachteiligte Gruppen umfassen.

In der Immobilienbranche könnten Outreach-Projekte die Themen Wohneigentum, nachhaltiges Bauen und Mieterschutz aufgreifen. Beispielsweise könnten Immobilienunternehmen durch Partnerschaften mit gemeinnützigen Organisationen oder Wohnprojekten für bezahlbaren Wohnraum das Bewusstsein für soziale Verantwortung stärken und gemeinsam Lösungen entwickeln, die an die Bedürfnisse der Gemeinschaft angepasst sind. Solches Engagement fördert nicht nur das Vertrauen in diese Branchen, sondern stärkt auch ihre Position als verantwortungsvolle Partner für finanzielle und soziale Sicherheit.

Community Outreach zeigt, dass Unternehmen, Institutionen und Organisationen nicht nur wirtschaftliche, sondern auch soziale Akteure sind, deren Engagement über bloße Dienstleistungen hinausgeht – es schafft Werte, stärkt Gemeinschaften und verankert Verantwortung als Teil ihres Profils.

8.2 Agenda Setting als Instrument für Veränderung und Einfluss

Die gezielte Platzierung relevanter Themen im öffentlichen Diskurs ist eine Methode, die universell anwendbar ist. Auch außerhalb der Gesundheitsbranche können durch Agenda Setting Themen auf die Tagesordnung gesetzt werden, die für die Zukunftsfähigkeit und Akzeptanz eines Berufsbilds oder einer Branche entscheidend sind.

- *In der Kreativwirtschaft:* Kreativunternehmen können durch Agenda Setting den Diskurs über kulturelle und künstlerische Bildung beeinflussen, die gesellschaftliche Wertschätzung für künstlerische Berufe steigern und politische Unterstützung für den Kunstsektor anregen. Dies kann beispielsweise durch die Teilnahme an Bildungsforen, Kooperationen mit Medien und öffentliche Veranstaltungen geschehen, die das Verständnis für künstlerische Arbeit fördern.

- *In der IT- und Technologiebranche:* Die IT-Industrie kann durch gezielte Agenda Setting-Kampagnen Themen wie Cybersicherheit, Datenethik und künstliche Intelligenz in die öffentliche Debatte bringen und so politisches Bewusstsein und Akzeptanz schaffen. Unternehmen können dabei als Experten auftreten und ihre Fachkenntnisse in Diskussionsrunden, Interviews und Medienkampagnen einbringen.

- *In der Umwelt- und Nachhaltigkeitsbranche:* Unternehmen und Organisationen, die sich für nachhaltige Entwicklung einsetzen, könnten durch strategisches Agenda Setting eine stärkere Präsenz in politischen Debatten erreichen. Sie könnten beispielsweise die Dringlichkeit des Klimawandels und die Notwendigkeit ökologischer Verantwortung verdeutlichen, indem sie Kooperationen mit Umweltorganisationen eingehen und ihre Stimme in Entscheidungsgremien und Nachhaltigkeitsinitiativen einbringen.

- *In der Finanz-, Versicherungs- und Immobilienbranche:* Agenda Setting kann hier als wirkungsvolles Instrument genutzt werden, um Themen wie finanzielle Bildung, nachhaltige Investitionen und soziale Verantwortung in den öffentlichen Diskurs zu bringen. Finanzinstitute könnten durch gezielte Initiativen das Bewusstsein für verantwortungsvolles Investieren, Altersvorsorge und finanzielle Resilienz stärken. Banken und Versicherungen könnten sich in Debatten zur finanziellen Absicherung im Alter, zur Risikovorsorge und zur Förderung von Wirtschaftskompetenzen einbringen, indem sie ihre Expertise in Medienthemen, öffentlichen Veranstaltungen und Fachbeiträgen platzieren.

  Die Immobilienbranche kann durch Agenda Setting die Bedeutung von nachhaltigem Bauen, bezahlbarem Wohnraum und sozialer Stadtentwicklung hervorheben. Hier könnte der Diskurs durch Kooperationen mit sozialen Initiativen und die Teilnahme an kommunalen Planungsprozessen bereichert werden. Durch die aktive Einbindung in Diskussionen über Wohnungsbau, Mieterschutz und nachhaltige Immobilienentwicklung können Immobilienunternehmen als verantwortungsbewusste Akteure wahrgenommen werden, die einen langfristigen positiven Einfluss auf die Lebensqualität und den sozialen Zusammenhalt in der Gesellschaft fördern.

- *In der Chemie- und Rohstoffindustrie:* Agenda Setting kann in dieser Branche genutzt werden, um entscheidende Themen wie Nachhaltigkeit, Ressourcenschonung und

Innovation im Bereich der Kreislaufwirtschaft in den öffentlichen Diskurs einzubringen. Unternehmen könnten die gesellschaftliche Wahrnehmung für verantwortungsvolle Rohstoffgewinnung und umweltfreundliche Produktionsverfahren schärfen, indem sie auf die Bedeutung von Recycling, erneuerbaren Materialien und Emissionsreduktion hinweisen.

Durch strategische Partnerschaften mit Umweltorganisationen, Beiträge in Fachmedien und öffentliche Aufklärungskampagnen können Unternehmen der Chemie- und Rohstoffbranche zeigen, dass sie aktiv an der Lösung globaler Umweltprobleme mitarbeiten. Themen wie die Entwicklung biologisch abbaubarer Materialien oder die Förderung nachhaltiger Lieferketten könnten so gezielt in den Fokus der Politik und der Gesellschaft gerückt werden, wodurch die Branche als treibende Kraft für eine nachhaltige Zukunft positioniert wird.

- *In der Dienstleistungs- und Handwerksbranche:* Agenda Setting kann hier genutzt werden, um die Bedeutung von Fachkompetenz, Qualität und Nachhaltigkeit im Handwerk und in den Dienstleistungen stärker ins öffentliche Bewusstsein zu rücken. Dienstleistungsunternehmen und Handwerksbetriebe könnten Themen wie Fachkräftemangel, Ausbildungsmöglichkeiten und den Wert regionaler Handwerkskunst in die gesellschaftliche Debatte einbringen. So wird die Wertschätzung für handwerkliche Berufe gesteigert und die Relevanz dieser Branchen als Grundlage einer stabilen, regionalen Wirtschaft hervorgehoben.

Durch Kooperationen mit Bildungseinrichtungen, Beiträge in Lokalmedien und öffentliche Veranstaltungen könnten Handwerksbetriebe und Dienstleister auf ihre Rolle als wichtige Arbeitgeber und Innovationsmotoren hinweisen. Zudem könnten sie nachhaltige Praktiken, wie ressourcenschonende Materialien und Energieeffizienz, als Zukunftsthemen positionieren, um politisches Interesse und Unterstützung zu gewinnen. Damit wird die Branche als unverzichtbarer und zukunftsfähiger Teil der Gesellschaft verankert, der das Bewusstsein für nachhaltige, qualitätsorientierte und lokal verwurzelte Dienstleistungen stärkt.

- *Im E-Commerce:* Agenda Setting kann im E-Commerce effektiv genutzt werden, um zentrale Themen wie Datenschutz, Nachhaltigkeit und faire Arbeitsbedingungen in den Fokus der öffentlichen und politischen Aufmerksamkeit zu rücken. E-Commerce-Unternehmen könnten die gesellschaftliche Diskussion über nachhaltigen Online-Handel, CO_2-neutrale Lieferketten und den verantwortungsvollen Umgang mit Verbraucherdaten fördern. Dies hilft, Vertrauen zu schaffen und die Akzeptanz für digitale Einkaufsplattformen zu stärken.

Durch gezielte Beiträge in den Medien, Teilnahme an Branchendiskussionen und Zusammenarbeit mit Umwelt- und Verbraucherorganisationen könnten E-Commerce-Unternehmen auf innovative Lösungen für grüne Logistik, Transparenz bei Produktherkünften und die Förderung ethischer Standards aufmerksam machen. Gleichzeitig könnten sie Bildungsinitiativen unterstützen, die digitale Kompetenzen und Datenschutzbewusstsein stärken. Auf diese Weise kann die Branche als zukunftsorientierter und verantwortungsvoller Akteur positioniert werden, der sich aktiv für eine nachhaltige und vertrauenswürdige E-Commerce-Landschaft einsetzt.

Agenda Setting eröffnet branchenübergreifend das Potenzial, Wandel und Fortschritt gezielt voranzutreiben. Indem Unternehmen und Institutionen die öffentliche Aufmerksamkeit auf wesentliche Themen lenken, gestalten sie nicht nur die gesellschaftliche Wahrnehmung, sondern etablieren auch eine nachhaltige Grundlage für ihre eigene Zukunftsfähigkeit. Die strategische Verankerung relevanter Themen im kollektiven Bewusstsein ist daher weit mehr als Kommunikation – sie ist ein aktiver Beitrag zur Schaffung eines stabilen, verantwortungsbewussten und innovationsorientierten Wirtschaftsumfelds, das die Gesellschaft als Ganzes voranbringt.

8.3 Erfolgsfaktoren für die Übertragung auf andere Branchen: Ein praxisnaher Leitfaden

Die Prinzipien von Community Outreach und Agenda Setting beschränken sich nicht auf den Gesundheitssektor. Doch welche Erfolgsfaktoren sind entscheidend, wenn diese Konzepte auf andere Branchen übertragen werden? Die folgenden Beispiele zeigen, wie sich Theorie und Praxis in verschiedenen Feldern vereinen lassen, um universelle Wirkung zu erzielen.

Für die effektive Anwendung von Community Outreach und Agenda Setting in verschiedenen Bereichen sind folgende Erfolgsfaktoren entscheidend:

- *Bedarfsanalyse und Zielgruppenverständnis:* Jedes Outreach- und Agenda Setting-Programm sollte auf einer fundierten Bedarfsanalyse basieren, um die Bedürfnisse der Zielgruppen und Stakeholder genau zu verstehen.

- *Kooperation und Netzwerkbildung:* Eine erfolgreiche Umsetzung von Community Outreach und Agenda Setting ist ohne strategische Partnerschaften kaum möglich. Die Zusammenarbeit mit anderen Unternehmen, Institutionen und staatlichen Organisationen erhöht die Reichweite und den Einfluss solcher Programme.

- *Fachkompetenz und Glaubwürdigkeit:* Es ist wichtig, dass die Organisationen als Experten auf ihrem Gebiet wahrgenommen werden und ihre Fachkompetenz in die Debatte einbringen. Glaubwürdigkeit schafft Vertrauen und erleichtert den Zugang zu Entscheidungsträgern.

- *Flexibilität und Anpassungsfähigkeit:* Die Möglichkeit, Programme und Initiativen an die aktuellen Entwicklungen anzupassen, ist für den nachhaltigen Erfolg entscheidend.

8.4   Fazit: Ein Blick über den Tellerrand

Zum Abschluss haben wir einen Blick auf die vielseitige Anwendbarkeit von Community Outreach und Agenda Setting geworfen. Die hier vorgestellten Prinzipien und Praktiken verdeutlichen, dass Organisationen durch ein gezieltes Zusammenspiel von Theorie und Praxis weitreichende, transformative Veränderungen erzielen können – nicht nur für sich selbst, sondern für die Gesellschaft als Ganzes.

Community Outreach und Agenda Setting bieten mehr als nur Konzepte; sie eröffnen für Organisationen in allen Branchen Möglichkeiten, aktiv in das gesellschaftliche Geschehen einzugreifen, den eigenen Beitrag zur Gemeinschaft zu leisten und damit das eigene Profil als verantwortungsvoller und innovativer Akteur zu schärfen. Pflegeberufe und Gesundheitsfachschulen sind lebendige Beispiele dafür, wie diese Prinzipien konkrete, spürbare Veränderungen schaffen können. Doch der wahre Wert dieser Ansätze liegt in ihrer universellen Anwendbarkeit: Ob in der Bildung, der Technologie, dem Handwerk oder der Finanzwelt – überall, wo es darum geht, die Öffentlichkeit für wesentliche Zukunftsthemen zu gewinnen, können Community Outreach und Agenda Setting als transformative Werkzeuge wirken.

Indem Organisationen nicht nur wirtschaftlich, sondern auch gesellschaftlich Verantwortung übernehmen, prägen sie die Art und Weise, wie Berufe und Branchen wahrgenommen werden. Diese strategische Herangehensweise schafft nicht nur Vertrauen und Respekt, sondern verankert langfristig Relevanz und Zukunftsfähigkeit in einem dynamischen Marktumfeld.

Community Outreach und Agenda Setting sind – so viel dürfte zwischenzeitlich klargeworden sein – keine kurzfristigen PR-Maßnahmen, sondern bewusste Schritte in Richtung einer vernetzten, innovativen und resilienten Gesellschaft. Der Blick über den Tellerrand, den diese Ansätze ermöglichen, öffnet Türen zu neuen Allianzen und gestaltet aktiv die Zukunft: Zum Wohle von Organisationen und der Gemeinschaft gleichermaßen.

9 Community Outreach und Agenda Setting als gesellschaftliche Verantwortung

Meiner Überzeugung nach sind Community Outreach und Agenda Setting die *Grundpfeiler einer neuen Ära gesellschaftlicher Verantwortung im Gesundheitswesen.* Als dynamische Konzepte, die sich gegenseitig stärken, gehen sie weit über die traditionelle Vermittlung von Wissen oder die Pflege des Images hinaus – sie sind eine Einladung, das Gesundheitssystem aktiv und nachhaltig mitzugestalten.

Diese Verantwortung ist im Gesundheitswesen des 21. Jahrhunderts, das sich den Herausforderungen von Fachkräftemangel, alternder Bevölkerung und sozialer Ungleichheit stellt, kein *Nice-to-Have*, sondern ein *Must-Have*. Indem Outreach und Agenda Setting gemeinsam in die Hand genommen werden, erschaffen die Gesundheitsberufe einen Raum, der gleichermaßen offen, integrativ und zielgerichtet ist: Ein Raum, der die Gesellschaft stärkt, indem er sie mit den Mitteln der Aufklärung und des bewussten Dialogs in die Zukunft führt.

9.1 Community Outreach und Agenda Setting: Brücken bauen und Themen setzen

Outreach allein schafft eine Verbindung zur Gesellschaft, doch erst durch Agenda Setting gewinnt diese Verbindung ihre strategische Richtung. Während Outreach die *Brücke* zur Gemeinschaft darstellt, indem es Wissen, Zugänglichkeit und Vertrauen fördert, legt Agenda Setting den inhaltlichen Rahmen für die dringlichsten Themen, die in das Bewusstsein der Öffentlichkeit und Politik getragen werden sollen. Es ist der bewusste Akt des

Themenschwerpunkts, die Entscheidung, nicht nur auf Herausforderungen zu reagieren, sondern der Gesellschaft proaktiv eine Richtung aufzuzeigen und die Gesundheitsberufe als vorausschauende Akteure zu positionieren.

Gerade in einem System, das unter hohen strukturellen Belastungen steht, ist das gezielte Setzen von Themen ein wertvolles Instrument. Indem Gesundheitseinrichtungen und Berufsfachschulen Themen wie Resilienz, Prävention, soziale Gerechtigkeit und die unverzichtbare Rolle der Pflegeberufe in den öffentlichen Diskurs rücken, ergreifen sie eine strategische Initiative, die langfristig Wirkung zeigt:

Outreach und Agenda Setting im deutschen Gesundheitssystem sind somit eine Art gesellschaftlicher Kompass – und eine Erinnerung daran, dass Gesundheit keine statische Größe ist, sondern ein Prozess, der immer wieder neu verhandelt und erkämpft werden muss.

9.2 Bildung und Empowerment durch gezieltes Agenda Setting

Der Bildungsauftrag der Gesundheitsberufe darf nicht nur darauf abzielen, Fachwissen zu vermitteln – es geht um die Stärkung einer informierten, engagierten und verantwortungsvollen Gesellschaft. Agenda Setting bringt hier eine wertvolle Komponente ein: die gezielte Förderung von Themen, die das Bewusstsein der Bevölkerung schärfen und sie zu aktiven Gestaltern ihrer eigenen Gesundheitsrealität machen. Wenn Community Outreach die Menschen dort abholt, wo sie stehen, zeigt Agenda Setting ihnen eine Richtung und einen Sinn, indem es die großen Fragen der

Gesundheitsversorgung, Prävention und persönlichen Verantwortung aufgreift.

Das deutsche Gesundheitssystem, das als komplexes Konstrukt aus staatlichen und sozialen Akteuren eine besondere Stellung einnimmt, braucht diese vorausschauende Komponente. Agenda Setting bietet die Möglichkeit, gesamtgesellschaftliche Diskussionen zu Gesundheitsberufen und -themen in die politische und soziale Landschaft zu integrieren, Themen wie die Sicherung von Fachkräften, die Bedeutung der Pflege und der Ausbau präventiver Gesundheitsangebote werden so nicht nur als isolierte Anliegen betrachtet, sondern als gesamtgesellschaftliche Notwendigkeiten.

9.3   Gesellschaftliche Werte und ethische Verpflichtung in Outreach und Agenda Setting

Die gesellschaftliche Verantwortung der Gesundheitsberufe darf sich nicht nur in ihren operativen Aufgaben erschöpfen. In Zeiten, in denen das Vertrauen in Institutionen oft erschüttert ist, zeigen Community Outreach und Agenda Setting einen Weg auf, um durch ethisches Handeln und authentische Kommunikation verlorenes Vertrauen zurückzugewinnen. Community Outreach tritt hier als Vermittler auf, der die Bevölkerung in das gesundheitliche Wissen einführt und die Anliegen und Werte der Gesundheitsberufe teilt. Agenda Setting schafft dabei die strategische Grundlage, auf der sich diese ethischen Werte verankern und nachhaltig in die öffentliche Debatte einfließen können.

Durch dieses Zusammenspiel positionieren sich die Gesundheitsberufe als integrale Bestandteile einer gerechten, fürsorglichen Gesellschaft. Outreach und Agenda Setting schaffen die Möglichkeit, auf Augenhöhe zu kommunizieren und den Austausch nicht nur als eine Frage des Inhalts, sondern auch als eine des gegenseitigen Respekts und Verständnisses zu verstehen.

Die ethische Verpflichtung, die hier wahrgenommen wird, geht weit über das bloße Setzen von Themen hinaus: Sie ist ein Bekenntnis zur Solidarität und zum Dialog als Grundpfeiler des Gesundheitssystems.

9.4 Nachhaltige Wirkung und gesellschaftliche Transformation durch Outreach und Agenda Setting

Ein nachhaltiger und erfolgreicher Outreach, kombiniert mit einem durchdachten Agenda Setting, ist ein unersetzliches Mittel für die langfristige Entwicklung und Stärkung des deutschen Gesundheitswesens. Diese Strategie wirkt weit über die unmittelbare Zielgruppe hinaus und trägt dazu bei, die öffentliche Wahrnehmung und die Wertschätzung für die Gesundheitsberufe tief zu verankern. Der demografische Wandel und die Digitalisierung, die das System in den nächsten Jahrzehnten stark beeinflussen werden, machen es notwendig, Outreach und Agenda Setting als nachhaltige Strategien zu etablieren, die sich an neuen Bedürfnissen orientieren und die Gesundheit als zentrale soziale Ressource bewahren.

Nachhaltigkeit im Outreach bedeutet hier nicht nur, dass Projekte fortbestehen. Es bedeutet, dass die Gesellschaft nachhaltig befähigt wird, ihre eigene Gesundheitsrealität mitzugestalten, dass Menschen nicht nur als Patienten oder Gesundheitskonsumenten, sondern als aktive Akteure im System verstanden werden. Dieses Empowerment ist eine langfristige Investition in die kollektive Widerstandsfähigkeit und die Fähigkeit der Gesellschaft, gesundheitliche Herausforderungen eigenverantwortlich und gemeinschaftlich zu bewältigen.

9.5   Das *vorletzte* Wort: Outreach und Agenda Setting als unverzichtbare Berufung

Community Outreach und Agenda Setting sind keine Werkzeuge, die beiläufig eingesetzt werden können – sie sind Berufung und Verpflichtung zugleich. Die Gesundheitsberufe und diejenigen, die sie ausbilden, müssen sich ihrer Rolle als gesellschaftliche Akteure bewusst sein, die nicht nur auf die Bedürfnisse reagieren, sondern die Richtung des Gesundheitsdiskurses aktiv mitgestalten. In der Kombination aus Outreach und Agenda Setting steckt die Kraft, eine gesamtgesellschaftliche Bewegung zu schaffen, die das Wohl der Gemeinschaft über das individuelle Interesse stellt.

Diese strategische Verantwortung ist nichts weniger als ein *ethisches Mandat*. Wenn die Gesundheitsberufe in Deutschland Outreach und Agenda Setting zu ihrer Kernaufgabe machen, entsteht eine Gesundheitskultur, die Vertrauen, Solidarität und Verantwortung miteinander verknüpft. Die Gesellschaft erkennt nicht nur den Wert der Gesundheitsberufe, sondern versteht, dass ihre eigene Gesundheit mit dem Wohlergehen des Systems verbunden ist.

Das *vorletzte Wort* ist eine Einladung zur Handlung – eine Aufforderung, Community Outreach und Agenda Setting nicht nur als ergänzende Maßnahmen zu verstehen, sondern als unverzichtbare Werkzeuge für die Sicherung einer gesunden, resilienten und gerechten Gesellschaft. Nur so werden die Gesundheitsberufe im deutschen System zu dem, was sie sein können und müssen: die beständige, zukunftsgerichtete Brücke, die die Gesellschaft befähigt, ihre eigene Gesundheit aktiv mitzugestalten und das Gemeinwohl in den Mittelpunkt zu stellen.

10 Schlusswort: Die Zukunft gestalten – Gesundheitsbildung als Motor gesellschaftlicher Transformation

Wie bereits zu Beginn dargelegt, steht die Ausbildung von Pflege- und Gesundheitsfachberufen heute an einem Wendepunkt, der von tiefgreifenden Herausforderungen geprägt ist. Der anhaltende Fachkräftemangel, die zunehmende Digitalisierung, wachsende Anforderungen an interdisziplinäre Zusammenarbeit und die gesellschaftliche Anerkennung der Berufe – all diese Faktoren verlangen nicht nur nach Anpassungen, sondern nach einem grundlegenden Wandel in der Ausbildung und gesellschaftlichen Positionierung dieser Berufe. Pflegeschulen und Gesundheitsfachschulen sind daher heute mehr als bloße Ausbildungsstätten: Sie sind zu unverzichtbaren Akteuren einer fortschrittlichen Gesundheitsversorgung geworden, die aktiv zur gesellschaftlichen Transformation beitragen.

Diese Schulen stehen vor der Aufgabe, einerseits Fachkräfte auszubilden, die den Anforderungen eines modernen Gesundheitssystems gerecht werden können, und andererseits eine Stimme für die Bedürfnisse und Herausforderungen dieser Berufe zu erheben. Die transformative Kraft von Community Outreach und Agenda Setting gibt ihnen die Möglichkeit, die zentralen Themen unserer Zeit direkt und sichtbar zu gestalten. Outreach-Projekte ermöglichen es beispielsweise, die Bedeutung präventiver Gesundheitsversorgung in die breite Öffentlichkeit zu tragen. In interaktiven Formaten, die lokale und interkulturelle Besonderheiten berücksichtigen, wird das Verständnis für Pflegeberufe gestärkt. So kann etwa eine Initiative zur Gesundheitsbildung in ländlichen Gebieten nicht nur die Zugänglichkeit der Versorgung verbessern, sondern auch das Bewusstsein für die essenzielle Rolle der Pflegeberufe in strukturschwachen Regionen schärfen.

Die Digitalisierung ist ein weiteres Beispiel, das eine enge Verknüpfung von Ausbildung und Gesellschaft erfordert. Die Einführung von E-Learning-Plattformen und digitalen Lernmodulen, die nicht nur Pflegekräfte, sondern auch medizinische Technologen und Therapeuten auf die Anwendung digitaler und KI-gestützter Systeme vorbereiten, zeigt auf, wie dringend moderne, praxisnahe Curricula erforderlich sind. Diese digitalen Kompetenzen befähigen die Auszubildenden nicht nur, mit den Herausforderungen ihrer Berufe sicher umzugehen, sondern auch, sich in einer digitalen Welt selbstbewusst und kompetent zu bewegen. Community Outreach kann in diesem Zusammenhang ebenfalls eine Brücke schlagen, indem es das gesellschaftliche Bewusstsein für die digitale Transformation im Gesundheitswesen fördert und aufzeigt, dass Digitalisierung weit über die Technik hinausgeht – sie ist ein Weg, die Qualität und Zugänglichkeit der Gesundheitsversorgung für alle zu sichern.

Agenda Setting wiederum ermöglicht es den Schulen, den Diskurs über Pflege und Gesundheitsfachberufe aktiv mitzugestalten und politische Aufmerksamkeit für die drängendsten Probleme zu gewinnen. Die in der Einleitung angesprochenen finanziellen Engpässe in Bildungseinrichtungen und der Mangel an qualifizierten Lehr-kräften sind Themen, die nicht nur in den Fachkreisen, sondern in der gesamten Gesellschaft Gehör finden müssen. Durch strategische Kooperationen und politische Netzwerke treten die Schulen als starke Stimme im öffentlichen Raum auf, die eine nachhaltige und gerechte Gesundheitsversorgung fordert und für eine Verbesserung der Rahmenbedingungen in der Ausbildung einsteht.

Diese Verantwortung hat noch eine weitere Dimension: Die Pflegeschulen und Gesundheitsfachschulen vermitteln ihren Auszubildenden nicht nur die notwendigen fachlichen Kompetenzen, sondern rüsten sie mit Fähigkeiten und Werten aus, die sie als künftige Träger eines modernen, anpassungsfähigen Gesundheitswesens qualifizieren. Indem sie Curricula entwickeln, die den Fokus auf Nachhaltigkeit und digitale Kompetenz legen, tragen sie dazu bei, dass ihre Absolventen als kompetente Fachkräfte und zugleich als Vorreiter einer neuen Ära in die Gesundheitsberufe eintreten.

Community Outreach und Agenda Setting sind keine bloßen theoretischen Konzepte, sondern der Schlüssel zu einem umfassenden Paradigmenwechsel. Die durch diese Ansätze mögliche Transformation schafft ein Gesundheitswesen, das den Menschen und den Gemeinschaften dient, die es sich zu schützen verpflichtet hat. Indem sie sich mit der Gesellschaft verbünden, werden Pflegeschulen und Gesundheitsfachschulen *nicht nur zu Bildungs-, sondern zu Veränderungsinstitutionen.* In dieser neuen Rolle tragen sie entscheidend dazu bei, dass Pflege und Gesundheitsbildung nicht nur heute unverzichtbar sind, sondern auch morgen zu den wertvollsten Pfeilern einer zukunftsfähigen Gesellschaft gehören.

Meine Damen und Herren, liebe Bildungs-
verantwortliche, Personalentwickler und
Berufspädagogen, die Zeit ist reif, diesen Weg mit
Entschlossenheit zu gehen – für die Pflegekräfte von
morgen, für die Gesundheit unserer Gesellschaft und
für eine Zukunft, die der Menschlichkeit und Fürsorge
verpflichtet bleibt.
Putting words into action...

Literaturverzeichnis

Datum aller Zugriffe auf Internetquellen: 2024-11-09

Abel, Thomas und Kathrin Sommerhalder: Gesundheits-kompetenz/Health Literacy. Das Konzept und seine Operationalisierung. In: Bundesgesundheitsblatt. Berlin und Heidelberg 2015. Online im WWW: https://boris.unibe.ch/70543/1/Abel/Bundesgesundheitsbl/2015.pdf

Adloff, Frank: Community Service und Service-Learning. Eine sozialwissenschaftliche Bestandsaufnahme zum freiwilligen Engagement an amerikanischen Schulen und Universitäten. Berlin 2002. Online im WWW: https://www.maecenata.eu/wp-content/uploads/2021/02/OP5.pdf

Altenschmidt, Karsten und Wolfgang Stark (Hrsg.): Forschen und Lehren mit der Gesellschaft. Community Based Research und Service Learning an Hochschulen. Wiesbaden 2016.

Berthold, Christian, Volker Meyer-Guckel und Wolfgang Rohe (Hrsg.): Mission Gesellschaft. Engagement und Selbstverständnis der Hochschulen. Ziele, Konzepte, internationale Praxis. Essen 2010. Online im WWW: https://www.wissenschaftsmanagement-online.de/sites/www.wissenschaftsmanagement-online.de/files/migrated_wimoarticle/mission_gesellschaft.pdf

Brosius, Hans-Bernd: Themenstrukturierung in der Medienwirkungsforschung. In: Günter Bentele, Hans-Bernd Brosius und Otfried Jarren (Hrsg.): Öffentlichkeit, öffentliche Meinung, soziale Bewegungen. Opladen 1994.

Dernbach, Beatrice und Magdalena Klages (Hrsg.): Interdisziplinäre Lehre für nachhaltige Entwicklung. Beiträge zur ersten Fachkonferenz 2023 an der Technischen Hochschule Nürnberg Georg Simon Ohm. Nürnberg 2023. Online im WWW: https://www.uni-flensburg.de/fileadmin/content/institute/biologie/arbeitsgruppe-stiegel/dokumente/konferenzband-dernbach-klages.pdf

Deutsches Krankenhausinstitut e. V. (Hrsg.): Krankenhaus Barometer 2023. Düsseldorf 2023, S. 63. Online im WWW: https://www.dki.de/fileadmin/user_upload/DKI_Krankenhaus_Barometer_2023_final.pdf

El Ouassil, Samira und Friedemann Karig: Erzählende Affen. Mythen, Lügen, Utopien. Wie Geschichten unser Leben bestimmen. Berlin 2021.

Fischer, Christiane: Advocacy und Lobby im Gesundheitswesen. In: Peter Hensen und Christian Kölzer (Hrsg.): Die gesunde Gesellschaft. Wiesbaden 2011, S. 149-159.

Görsch, Markus: Komplementäre Kulturfinanzierung. Das Zusammenwirken von staatlichen und privaten Zuwendungen bei der Finanzierung von Kunst und Kultur. Berlin 2001.

Graf, Daniel u.a.: Third Mission. In: Tobias Schmohl und Thorsten Philipp (Hrsg.): Handbuch Transdisziplinäre Didaktik. Bielefeld 2021, S. 323-332. Online im WWW: https://www.pedocs.de/volltexte/2023/27713/pdf/Graf_et_al_2023_Third_mission.pdf

Jodeleit, Bernhard: Social Media Relations. Leitfaden für erfolgreiche PR-Strategien und Öffentlichkeitsarbeit im Web 2.0. 2., aktualisierte und erweiterte Auflage. Heidelberg 2013.

Kabat-Zinn, Jon: Zur Ruhe kommen: Meditation für Menschen mit wenig Zeit. München 2011.

Ders.: Gesund durch Meditation: Das große Buch der Selbstheilung mit MBSR. Freiburg im Breisgau 2013.

Kamm, Caroline, Alexander Otto und Andrä Walter: Nicht-traditionelle Studierende. In: Tillmann Grüneberg u.a. (Hrsg.): Handbuch Studienberatung: Berufliche Orientierung und Beratung für akademische Bildungswege. Bd. 2. Bielefeld 2021, S. 573-579.

Kleinfeld, Ralf, Annette Zimmer und Ulrich Willems (Hrsg.): Lobbying. Strukturen. Akteure. Strategien. Wiesbaden 2007.

Köppl, Peter und Martin Neureiter (Hrsg.): Corporate Social Responsibility. Leitlinien und Konzepte im Management der gesellschaftlichen Verantwortung von Unternehmen. Wien 2004.

Köppl, Peter: Lobbying und Public Affairs. Beeinflussung und Mitgestaltung des gesellschaftspolitischen Unternehmensumfeldes. In: Beat Schmid und Boris Lyczek (Hrsg.): Unternehmenskommunikation. Kommunikationsmanagement aus Sicht der Unternehmensführung. Wiesbaden 2006, S. S. 183-216.

Kotter, John P.: Leading Change. Wie Sie Ihr Unternehmen in acht Schritten erfolgreich verändern. München 2011.

Lutz, Andreas: Praxisbuch Networking. Von Adressmanagement bis XING.com. Wien 2009.

McCombs, Maxwell E. & Donald L. Shaw (1972): The Agenda Setting Function of Mass Media. Journal of Communication, 26 (2), S. 176-187.

Noelle-Neumann, Elisabeth: Öffentliche Meinung: Die Entdeckung der Schweigespirale. Frankfurt am Main 1980.

Ottoson, Judith M. und Lawrence W. Green: Community outreach: from measuring the difference to making a difference with health information. In: Journal of the Medical Library Association 93 (2005), S. 49-56. Online im WWW: https://pmc.ncbi.nlm.nih.gov/articles/PMC1255753/pdf/i0025-7338-093-04S-0049.pdf

Pyczak, Thomas: Tell me! Wie Sie mit Storytelling überzeugen. Für alle, die in Beruf, Marketing und PR erfolgreich sein wollen. Bonn 2017.

Rieger, Günter: Soziallobbying. Lobbying im Modus der Politikberatung. In: ders.: Lobbying in der Sozialwirtschaft. Eine Einführung. Wiesbaden 2024, S. 125-152.

Roessler, Isabel: Third Mission. Die ergänzende Mission neben Lehre und Forschung. In: Wissenschaftsmanagement 2 (2015), S. 46f. Online im WWW: https://www.wissenschaftsmanagement.de/dateien/dateien/weiterbildung/downloaddateien/wim_2015_02_isabell_roessler_third_mission.pdf

Röttger, Ulrike: Public Campaigning als öffentliche Form der Public Affairs. In: Ulrike Röttger, Patrick Donges und Ansgar Zerfaß (Hrsg.): Handbuch Public Affairs. Wiesbaden 2020, S. 437-455.

Sammer, Petra: Storytelling. Strategien und Best Practices für PR und Marketing. 2., aktualisierte Auflage. Köln 2017.

Scheddin, Monika: Erfolgsstrategie Networking, Business-Kontakte knüpfen, organisieren und pflegen. München 2009.

Schönbach, Klaus: Einige Gedanken zu Public Relations und Agenda Setting. In: Horst Avenarius und Wolfgang Armbrecht (Hrsg.): Ist Public Relations eine Wissenschaft? Eine Einführung. Opladen 1992, S. 325-334.

Schulz, Winfried: Strukturen der Öffentlichkeit: Untersuchungen zur Rolle der Massenmedien in der Demokratie. München 1976.

Sliwka, Anne: Service Learning. Verantwortung lernen in Schule und Gemeinde. Berlin 2004. Online im WWW: https://www.pedocs.de/volltexte/2008/258/pdf/Sliwka.pdf.

Speth, Rudolf: Ziele und Notwendigkeit von Public Affairs aus Sicht von Interessengruppen. In: Ulrike Röttger, Patrick Donges und Ansgar Zerfaß (Hrsg.): Handbuch Public Affairs. Wiesbaden 2020, S. 109-121.

Suzuki, Shunryu: Zen-Geist, Anfänger-Geist: Unterweisungen in Zen-Meditation. München 1999.

Thich Nhat Hanh: Das Wunder der Achtsamkeit: Ein Übungsweg zur Meditation. Berlin 2005.

Wirth, Ulrich: Physiologie der Un-Konferenz oder Lernen 2.0-Veranstaltungsformate im Unternehmenskontext. Norderstedt 2014.

Ders.: Betriebliches Bildungsmanagement 2.0 – Barcamps in der betrieblichen Qualifizierungspraxis. In: Wissensmanagement 4 (2014), S. 33-35.

Ders.: Wieviel New Work steckt in der Ausbildung von Gesundheitsfachberufen – Ein Erfahrungs- und Praxisbericht aus einer Universitätsklinik. In: Patrick Merke (Hrsg.): New Work in Healthcare. Die neue und andere Arbeitskultur im Gesundheitswesen. Berlin 2022, S. 145-152.

Ders.: Handbuch Bildungscontrolling. Steuerung von Bildungsprozessen in Pflegeschulen und Schulen für Gesundheitsfachberufe in der VUCA-Welt. Norderstedt 2023.

Wolf, Alexander: Dictyonomie. Die Networking-Bibel. Berlin 2012.

Wonneberger, Anke: McCombs & Shaw (1972): Agenda Setting. In: Olaf Hoffjann und Swaran Sandhu (Hrsg.): Schlüsselwerke für die Strategische Kommunikationsforschung. Wiesbaden 2024, S. 421-430.

Ulrich Wirth:

Handbuch Bildungscontrolling. Steuerung von Bildungsprozessen in Pflegeschulen und Schulen für Gesundheitsfachberufe in der VUCA-Welt. Norderstedt 2023, 123 Seiten, 24,99 Euro

ISBN: 978-3-7460-6377-5

In dem hier vorliegenden, stark erweiterten und an die Post-Covid 19-Welt angepassten Nachfolger von *Ausbildungscontrolling in Schulen für Gesundheitsfachberufe. Eine praktische Handreichung für Bildungsmanager im Gesundheitswesen* entwickelt Autor Ulrich Wirth ein effizientes Schulmanagement auf der Grundlage von Bildungscontrolling, wodurch die langfristige strategisch-planerische Ausrichtung von Aus-, Fort- und Weiterbildung in Pflegeschulen und Schulen für Gesundheitsfachberufe überhaupt erst möglich wird.

Notwendiger denn je, denn der demografische Wandel hat den Ausbildungssektor fest im Würgegriff und setzt damit auch Gesundheitsschulen so stark wie nie unter Wettbewerbsdruck. In der Folge konkurrieren diese mit Unternehmen und Hochschulen um Auszubildende und Studierende. Untereinander wetteifern Schulen für Gesundheitsfachberufe um Medizinpädagogen und

Praxisanleiter, weil auch dieser Markt wie leergefegt ist. Unikliniken wie auch private Schulen des Gesundheitswesens müssen deswegen Strategien entwickeln, wie sie den durch den Fachkräftemangel entfachten Konkurrenzkampf bestmöglich bewältigen können. Lösungsansätze bestehen z. B. in der Implementierung von New Work, effizienterem Schulmanagement, neuen Wegen im Bildungsmarketing sowie lernergerechten Bildungskonzepten, mit denen sich Schulen profilieren können. Controlling ermöglicht das.

Mit mehr als 20 Jahren Erfahrung als Bildungsmanager bei privatwirtschaftlichen und universitären Bildungsträgern hat der Autor ein anwenderfreundliches wie praxistaugliches Kennzahlensystem entwickelt, welches die Anforderungen von Pflegeschulen und Schulen für Gesundheitsberufe bestens abbildet.

Dabei hat er sich bewusst an der beruflichen Praxis derjenigen orientiert, die mit Controlling zu tun haben, dies aber niemals gelernt haben: Gemeint sind Pflege- oder Berufspädagogen, die aus einer Fachkarriere kommend eine Leitungsfunktion übernommen haben, ohne über solide BWL-Kenntnisse zu verfügen.

Das Ergebnis ist eine praxisorientierte und locker geschriebene Anleitung ohne allzu viel BWL-Sprech und ein Kennzahlensystem, mit dem Bildungsmanager, Schulleiter und QM-Verantwortliche Controlling in ihrer Bildungseinrichtung unmittelbar umsetzen können.

Ulrich Wirth:

Zielvereinbarungen für Mitarbeitende an Pflegeschulen. Wie Anreizsysteme Pflegeschulen und Schulen für Gesundheitsfachberufe innovativ machen und zur Fachkräftesicherung beitragen. Norderstedt 2023, 100 Seiten, 19,99 Euro

ISBN: 978-3-7568-8519-0

Seit Peter F. Drucker Management by Objectives eingeführt hat, sind Zielvereinbarungen ein fester Bestandteil der Management-*lehre*. Doch die Management*praxis* haben sie auch nach annähernd 70 Jahren noch nicht vollständig durchdrungen. Insbesondere der Aus- und Weiterbildungssektor hinkt hinterher.

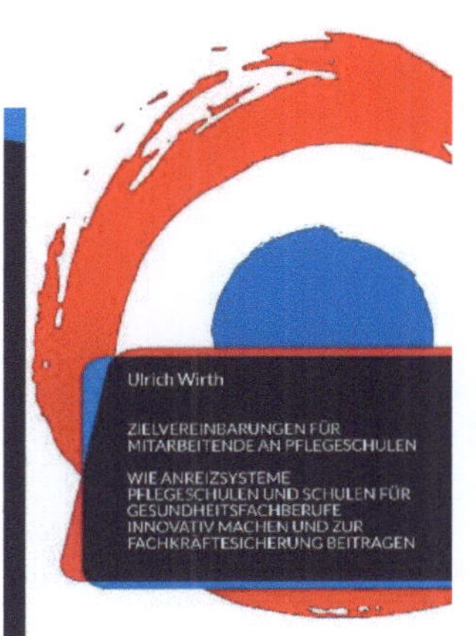

Diese Lücke schließt Autor Ulrich Wirth mit diesem Buch: Er zeigt, wie sich Zielvereinbarungen und Finanzierungsformeln als Anreiz- und Belohnungssysteme für Pflegeschulen und Schulen für Gesundheitsfachberufe nutzen lassen, auf welcher Grundlage sich Mittelvergabemodelle entwerfen lassen und wo die Fallstricke lauern.

Das ist notwendiger denn je, denn der demografische Wandel hat den Ausbildungssektor fest im Würgegriff und setzt damit auch Schulen unter Wettbewerbsdruck, weshalb diese Strategien entwickeln müssen, wie sie den durch den Fachkräftemangel entfachten Konkurrenzkampf bestmöglich bewältigen können. Motivierte Pädagogen und Praxisanleiter sind der Schlüssel hierzu.

Mit mehr als 20 Jahren Erfahrung als Bildungsmanager hat der Autor ein anwenderfreundliches und praxistaugliches Anreiz- und Belohnungssystem ohne allzu viel BWL-Sprech entwickelt, welches Bildungsmanager und Schulleiter in Pflegeschulen und Schulen für Gesundheitsfachberufe unmittelbar umsetzen können.

Auch in Zeiten von New Work schaffen Zielvereinbarungen somit eine erfolgreiche Arbeitsumgebung, die sowohl den Bedürfnissen der Organisation als auch den Bedürfnissen der Mitarbeiter gerecht wird.

Ulrich Wirth:

Psychologische Kriegsführung im 2. Weltkrieg. Die britische Tarnschrift „Stiegel der Holzhauer" – Wehrkraftzersetzung durch medizinische Propaganda. Norderstedt 2023, 152 Seiten, 29,99 Euro

ISBN: 978-3-7578-7977-8

Stiegel der Holzhauer. Was scheinbar harmlos in der Aufmachung eines Reclam-Hefts daherkommt, hat es in sich. Es ist in Wahrheit ein Meisterstück psychologischer Kriegführung, der sogenannten Schwarzen Propaganda. Hergestellt von der Division of Psychological Warfare, einer Unterabteilung der Political Warfare Executive des britischen Foreign Office, richtete sich diese kleinformatige Tarnschrift an deutsche Soldaten und Rüstungsarbeiter.

Eine Fülle von Informationen, wie man Krankheiten wie Gelbsucht und Tuberkulose mit Erfolg vortäuschen kann, um krankgeschrieben zu werden, dient nur einem Zweck: Die Kampfmoral der Soldaten bzw. der Heimatfront zu untergraben und Zweifel in die deutsche Führung zu säen, um die Effektivität der deutschen Kriegsanstrengungen zu beeinträchtigen.

In diesem dezidiert biografischen Buch, die Mutter des Autors fand das Heftchen an einem Spätsommermorgen des Jahres 1943, ordnet der Autor die Tarnschrift zunächst in den erweiterten Kontext Schwarze Propaganda ein, bevor das Heft selbst zum ersten Mal als Faksimile angeboten wird.

Ulrich Wirth:

Dionysos gegen den Gekreuzigten: Friedrich Nietzsches Denkwerk in Georg Kaisers „Von morgens bis mitternachts"

ISBN: 978-3-7583-1078-2

Noch während der jungen Weimarer Republik endet mit dem Expressionismus eine höchst eigenwillige Kunstepoche und mit ihr eine literarische Zivilisationskritik, wie es sie in dieser Form noch nicht gegeben hat. Dichter wie Georg Trakl, Georg Heym und Ernst Toller werfen die Frage nach der *Zukunft der modernen Welt* auf, respektlos gegenüber der bislang gebräuchlichen Syntax und Grammatik in ihrer übertreibenden Ausdrucksweise, voller Dynamik, Leidenschaft und Sinnlichkeit.

Der bedeutendste Vertreter der expressionistischen Dramatik ist Georg Kaiser (1878-1945), der 1912 mit „Von morgens bis mitternachts" eines der Gründungsdokumente des dramatischen Expressionismus geschaffen hat: kein kontinuierliches, dramatisches Drama mehr, sondern ein zweiteiliges Stationendrama. Sprunghaft und in symbolischer Raffung gibt Kaiser typische Erlebnissituationen, die nicht mehr Aristoteles, Gottsched und Lessing verpflichtet sind, sondern den mittelalterlichen Mysterienspielen, August Strindberg und der Filmmontage.

Und Friedrich Nietzsche, dem ganz besonders.

Dass und wie Georg Kaiser das Denkwerk des großen deutschen Philosophen in seinem Erneuerungsdrama rezipiert hat, untersucht Ulrich Wirth in seiner rezeptionsgeschichtlichen Studie: auf breiter Quellenbasis, kritisch und umsichtig, gekonnt und selbstbewusst.